À FLEUR DE PEAU

Line Véronic Boucher

À FLEUR DE PEAU

ROMAN

ÉDITION DU CLUB QUÉBEC LOISIRS INC.
© Avec l'autorisation des Éditions de Mortagne
© Éditions de Mortagne, 1995
Dépôt légal — Bibliothèque nationale du Québec, 1995
ISBN 2-89430-173-1
(publié précédemment sous ISBN 2-89074-367-5)

*À Blondin et Céline,
mes chers parents,
avec toute ma tendresse,
afin qu'ils sachent
combien je les aime.*

*À Thérèse,
ma chère grand-maman,
pour qui j'éprouve
la plus grande admiration,
tout en souhaitant
qu'un jour, je puisse hériter
d'une parcelle
de sa belle sagesse.*

*Remerciements sincères
à David Lonergan,
écrivain et ami respecté.*

CHAPITRE 1

Kamouraska, le 12 décembre 1944

Décembre, le mois de l'oubli des beaux jours. Déjà la neige est abondante sur Kamouraska, et Philippe Beaulieu, un homme de terre et de bois, s'active à abattre un arbre dressé à proximité de son camp d'hiver. Sous l'effort, la sueur inonde son front dénudé; tout à coup, il sent une présence près de lui.

– Philippe! prononce distinctement une voix féminine derrière son dos.

Le cœur de Philippe s'emballe à l'instant. Cette voix... Cela fait bien un mois qu'elle n'a pas ravi ses oreilles d'aussi près. Il la reconnaîtrait entre toutes. C'est celle de sa bien-aimée, sensuelle, chaude et mélodieuse comme le chant des oiseaux qui ont déserté Kamouraska, en cette saison hivernale, pour des régions plus clémentes. Un son des plus doux qui réussit à faire battre son cœur dès qu'il l'entend.

Saisi d'une joie indescriptible, Philippe se retourne vers Corinne. Un large sourire illumine aussitôt son visage.

– Mon Dieu... Corinne! C'est bien toi? murmure-t-il, presque en bafouillant, tellement il est réjoui par cette apparition. Mais que fais-tu ici?

Corinne s'arrête à sa hauteur et darde son regard dans celui de son amant.

«Qu'elle est belle!» pense aussitôt Philippe en la contemplant avec ravissement. La jeune fille a drapé sa silhouette menue dans un lourd manteau bleu foncé. Ses traits, camouflés par un long foulard rouge noué autour de sa figure, abritent une chevelure brune, très soyeuse au toucher.

À cette évocation – à ce souvenir si présent en lui –, Philippe se remémore combien il aime sentir cette longue tignasse bouclée et indisciplinée lui balayer le visage au passage lorsque Corinne se penche sur lui pour l'embrasser. Il se sent si ému par cette présence inattendue qu'il se demande s'il ne rêve pas. Il ferme les yeux pour mieux savourer ce moment béni. Au bout de quelques secondes, il les rouvre et sourit. Corinne se tient toujours devant lui.

L'interdit qui est attaché à sa présence en ces lieux rappelle à Philippe que Corinne est la fille du docteur Joseph Gagnon, un des hommes les plus respectés et les plus craints des environs. Sa réputation d'homme instruit et parfaitement intègre l'élève au rang des notables de la place, lui conférant un pouvoir certain sur les habitants du comté de Kamouraska.

Corinne, la cadette de la famille, appartient à une couche de la société qui fait l'envie des jeunes hommes de la région, qui souhaitent tous l'épouser pour accroître leur prestige.

À travers l'épaisse étoffe du foulard, Philippe admire les yeux de Corinne, des yeux d'un bleu inoubliable, avec des reflets brillants.

Le froid semble l'incommoder, car elle ramène constamment ses bras menus sur sa poitrine tout en les croisant, comme pour s'en faire un bouclier protecteur.

– Chérie, dit Philippe d'un ton émerveillé, ce n'est pas très prudent de rester ici... Que pensera ton père s'il te voit avec moi?

À peine a-t-il formulé cette question que Corinne recule d'un pas et se met à trembler. Cette simple réaction laisse une impression désagréable dans le cœur de Philippe. Il croit déceler, au fond de ses yeux, quelques larmes difficilement retenues qui révèlent un profond désarroi. Cette constatation le fait frémir et a pour effet d'estomper sa joie de la revoir. La jeune fille est-elle porteuse d'une mauvaise nouvelle? Cette idée ne lui avait pas effleuré l'esprit.

D'un geste nerveux, la jeune fille frappe ses moufles de laine l'une contre l'autre, comme pour se donner un peu de courage avant de commencer à parler. À ce signe évident de détresse, Philippe comprend que la visite de la jeune fille a un but bien précis; il commence aussitôt à ressentir de la peur. *«Que fait-elle ici, alors que cela lui est complètement interdit par son père?»* se demande-t-il.

– Parle, voyons! lance-t-il à la jeune fille. Dis-moi ce qui ne va pas!

– Philippe... commence-t-elle alors d'une voix hésitante, je crois... je crois... que je suis... encein-te...

Les mots que prononce Corinne s'infiltrent lentement dans l'esprit de Philippe. Il s'attendait à une mauvaise nouvelle, mais cette révélation le frappe de plein fouet. À son tour, il recule. Son cerveau lui intime cependant un ordre: «*Stop! Pas de panique!*» A-t-il seulement bien entendu? Il réplique, ahuri:

– Quoi?

– Tu as entendu! répond Corinne sur un ton d'impuissance qui lui fait baisser honteusement les yeux. Ne m'oblige pas à le redire. C'est déjà suffisamment difficile comme ça...

Le visage de Philippe devient aussi blanc que la neige qui tapisse le paysage habituel. Cette révélation lui paraît incroyable.

Corinne n'a que dix-sept ans, alors que lui-même est âgé d'à peine vingt-deux ans. Ses pensées se tournent avec effroi vers le père de Corinne. Joseph Gagnon refuse catégoriquement que Philippe fréquente Corinne. Il raconte à qui veut l'entendre que ce garçon n'est qu'un bon à rien et qu'il n'épousera jamais sa fille. Il fait des pieds et des mains, usant de son pouvoir de persuasion auprès des fils bien nantis de la région, car il souhaite que Corinne épouse un érudit, et ce, le plus rapidement possible.

Le médecin n'a qu'une seule idée en tête: celle de voir ses filles épouser des hommes cultivés, des hommes aux manières affectées, des hommes engoncés dans de beaux habits d'étoffe coûteuse, et qui font l'étalage de leur savoir. «*Quelle futilité!*» pense soudainement Philippe, qui tremble de peur à l'idée de perdre sa bien-aimée!

Il ne conçoit pas pourquoi ce vieux grincheux de médecin s'acharne avec autant d'énergie à marier sa fille à quelqu'un qui ne lui convient tout simplement pas puisque Corinne l'aime, lui. Elle s'est donnée à lui. N'est-ce pas là la preuve ultime de son amour? Alors, pourquoi vouloir les séparer à tout prix?

Philippe veut bien admettre que ses origines s'avèrent plutôt modestes. Il n'est que le fils d'Onésime Beaulieu, un agriculteur sans le sou, qui tire le diable par la queue pour nourrir convenablement sa famille. Dans un geste fataliste, Philippe hausse les épaules en se disant que son sens des valeurs diffère étrangement de celui de tous les notables guindés d'en bas de Québec!

– Bon Dieu! s'exclame-t-il en sortant brusquement de ses réflexions peu réjouissantes, mais qu'allons-nous faire, Corinne? Ton père ne veut rien savoir de moi!

En guise de réponse à cette question spontanée, Corinne se jette dans les bras de son amant et verse des torrents de larmes, des larmes de désespoir.

Constatant que la jeune fille n'est pas en mesure de lui répondre, Philippe se contente de la serrer contre lui en murmurant:

– Allons..., calme-toi... Nous allons trouver une solution. Suis-moi maintenant. Je vais alimenter le feu, et nous discuterons de cela bien au chaud dans la cabane.

– D'accord, balbutie Corinne en reniflant légèrement.

D'un geste protecteur, Philippe s'empare de la main de la jeune fille et entraîne celle-ci à l'intérieur de son refuge, ce refuge qu'il a construit seul, il y a de cela deux ans. Ainsi, il s'évite les nombreuses randonnées à pied qu'il doit effectuer entre la ferme de son père et ses terres à bois.

L'aménagement est rudimentaire. Il se limite à un vieux lit de bois recouvert d'un matelas de plumes, percé par l'usure, que lui a donné son oncle José. Il y a aussi un poêle à bois hérité de son arrière-grand-père, Georges Beaulieu, une glacière, une table ainsi qu'un baril qui lui sert de chaise.

Il dispose également de quelques ustensiles de cuisine que sa tante Reine lui a gentiment offerts, et qui lui avaient été donnés à titre d'honoraires du temps qu'elle était sage-femme à Rivière-Ouelle. Finalement, une cuisinière vétuste meuble l'espace et parvient malgré tout à cuire ses aliments. Éloigné du chemin, ce refuge, bien que modeste, procure à Philippe le calme et la solitude dont il a tant besoin. Ici, personne ne viendra importuner les deux amoureux. Ils sont à l'abri des regards indiscrets.

Trop bouleversé pour dire quoi que ce soit de cohérent, Philippe se penche sur son vieux poêle et ranime le feu qui s'éteignait tranquillement. Il souhaite ainsi se réchauffer tout en prenant un certain recul face à la terrible nouvelle que Corinne vient à l'instant de lui communiquer.

Lorsque la chaleur commence à envahir la pièce, Philippe se tourne lentement vers la jeune fille et constate qu'elle est assise sur le lit. L'image qu'elle lui offre l'ébranle tout à fait. «*Mon Dieu! Que fait-elle là?*» Il se sent si embarrassé de la voir à cet endroit où ils se sont aimés tant de fois, à l'insu de tout le village, qu'il blêmit. L'ampleur de la bêtise qu'ils ont commise lui fait détourner le regard.

Corinne semble percevoir son trouble. Elle baisse les yeux et, d'une voix très basse, elle supplie:

– Philippe..., viens près de moi.

Philippe lève la tête et la regarde intensément.

– Corinne, finit-il par prononcer au bout d'un moment, je ne crois pas que tu devrais t'asseoir à cet endroit.

– Pourquoi?

– Parce que... c'est mal.

– Viens, Philippe, insiste Corinne en caressant le lit du bout des doigts, j'ai tant besoin de toi.

Les yeux de la jeune fille se brouillent à nouveau de larmes, et Philippe peut y lire toute la détresse du monde. Son cœur est serré comme dans un étau, et un profond désir de protection s'empare de lui.

«*Tant que je vivrai, personne ne lui fera de mal. Je l'aime trop pour cela!*» pense-t-il en lui-même.

D'un pas marqué par la détermination qu'ont fait naître ces sentiments, Philippe s'approche de ce petit bout de femme pour la prendre dans ses bras. Corinne se love contre lui en gémissant sa peine.

– Philippe... ô Philippe! Que vais-je devenir?

17

– Ne pleure pas, chérie! Tout va s'arranger!

– Lorsque mon père apprendra la nouvelle, il te tuera, j'en suis certaine. Jamais il ne te pardonnera cette trahison.

– Ton père n'a plus tellement le choix maintenant. Il doit se résoudre à m'accorder ta main. Tu es enceinte de moi, et il ne peut te donner à aucun autre homme dans ton état.

– Alors... c'est vrai? Tu désires réellement m'épouser? demande timidement Corinne.

Leurs regards se rencontrent et se soudent l'un à l'autre. Philippe a l'impression qu'il n'y a rien de plus intime que ces grands yeux bleus qui s'accrochent aux siens; ils invitent aux gestes tendres, comme celui de sécher une larme qui roule sur la joue de sa bien-aimée. «*Je t'aime!*» prononce-t-il secrètement.

À cet instant plus qu'à tout autre moment, il éprouve le désir de caresser Corinne. Mais l'absurdité même de cette pensée l'irrite. Aussi, il se racle la gorge et répond:

– Bien sûr, Corinne, je t'aime tant...

Corinne cambre son corps contre celui de l'homme qu'elle aime. Philippe sent le ventre légèrement gonflé de la jeune fille épouser son abdomen.

– Oh, Philippe! je t'aime aussi. C'est toi que je veux pour époux et personne d'autre!

– Depuis quand es-tu enceinte? s'informe alors Philippe, pour apaiser la tourmente que déclenche la présence de ce corps si proche du sien.

– Je ne sais pas. Je crois que c'est depuis le mois d'août, annonce-t-elle en rougissant.

Mentalement, Philippe fait le décompte des jours et s'écrie:

– Mon Dieu! Cela fait déjà quatre mois!

– Oui...

Soudainement lasse, Corinne quitte le lit et fait quelques pas dans la pièce. Constatant que la chaleur rend le petit refuge inconfortable, elle murmure:

– Il fait chaud ici à présent...

Un air méditatif accroché au visage, elle retire son foulard et libère d'une secousse ses boucles brunes. Embarrassée, elle tourne le dos à Philippe pour enlever son lourd manteau. Ses mains tremblotantes trahissent sa nervosité. Elle appréhende l'instant où elle devra dévoiler son ventre; tel un traître, celui-ci grossit tranquillement et, dans quelques semaines à peine, il révélera à tous leur amour inavouable.

De son côté, Philippe retient son souffle. Lui aussi se sent intimidé.

La tunique que porte Corinne la couvre presque entièrement, ne laissant dépasser que le bas de la jupe. Dans un geste qui surprend Philippe, Corinne se rapproche et, prenant sa main entre les siennes, elle la dépose sur son ventre arrondi.

Ce geste d'intimité fait surgir en lui une joie nouvelle et indescriptible qui accélère son rythme cardiaque de quelques battements.

– Mon Dieu! C'est... C'est merveilleux! Je suis fou de bonheur. Je ne sais pas quoi dire tellement je me sens ému.

– Alors, prends-moi dans tes bras, chuchote Corinne. J'en ai un tel besoin. Si tu savais...

– Corinne! Ma douce Corinne, murmure Philippe en encerclant la taille de la jeune fille, tu sais ce qui se passera si je pose mes lèvres sur les tiennes. Cela fait si longtemps que je ne t'ai pas serrée contre moi. Je vais avoir le goût de... Enfin..., tu sais ce que je veux dire...

Corinne sourit pour la première fois depuis son arrivée. Philippe la désire encore, et ce, malgré ce ventre qui semble un obstacle dressé entre eux.

– Qu'est-ce que je risque? Je suis déjà enceinte. Depuis des mois, je ne pense qu'à toi... et à ce que nous avons fait ensemble. J'ai une envie folle de me retrouver près de toi, Philippe! implore-t-elle avec la candeur de ses dix-sept ans.

– Mais... peut-être est-ce dangereux pour l'enfant? Enfin..., je veux dire que... peut-être que le bébé voudra sortir de ton ventre si je te touche.

– Mais non! répond la jeune fille d'une voix très douce. Ne crains rien. Tu n'as pas à t'inquiéter. J'ai entendu mon père qui donnait des explications à madame Michaud à ce sujet, alors que je l'accompagnais dans une de ses visites de routine. Je me souviens qu'il l'avait complètement rassurée.

Ces paroles convainquent Philippe. Étant fille de médecin, Corinne est beaucoup plus renseignée que lui là-dessus. Mais une pensée soudaine vient s'infiltrer dans son esprit: avec sa formation de médecin, Joseph Gagnon ne peut qu'avoir remarqué l'état de sa fille.

– Ton père, Corinne! Il doit bien se douter de quelque chose?

Corinne soupire et baisse les yeux tout en caressant le revers de la chemise de Philippe.

– Je t'avoue qu'il me regarde un peu curieusement depuis quelques semaines. Mais ne t'en fais pas, ma mère prétend que c'est mon chagrin d'amour qui me pousse à manger plus que de raison.

– Et ta sœur Rose? Sait-elle, pour nous deux?

– Oh non! Ma sœur est trop imbue d'elle-même pour remarquer quoi que ce soit en ce qui me concerne. Figure-toi qu'elle s'est entichée du notaire Saindon. Rose ferait n'importe quoi pour plaire à papa... même tomber amoureuse de quelqu'un qui ne lui convient pas. Mais moi, je trouve cette situation tellement ridicule, soupire Corinne.

Après avoir médité pendant quelques secondes sur ce qu'elle venait de dire, elle reprend:

– Je désapprouve tout à fait sa relation avec ce vieux grincheux de notaire. Imagine, il a vingt ans de plus que Rose! Mais évidemment, papa est aux anges. Il ne peut rêver d'un meilleur parti pour sa fille chérie. Il est si enthousiasmé par les fréquentations de Rose qu'il ne fait presque plus attention à moi.

– Je vois... constate Philippe, sur un ton songeur. Mais comment as-tu fait pour lui échapper cet après-midi?

Corinne se fait câline pour lui répondre:

– Il ne sait pas que je suis venue ici. Maman et lui ont quitté tôt ce matin pour aller accoucher madame Michaud. Et comme Rose enseigne à l'école du village, j'étais entièrement libre de mes allées et venues.

– Rose enseigne? s'écrie Philippe, surpris par cette nouvelle. Je ne le savais pas.

– Eh oui! Elle remplace Huguette Bérubé qui est enceinte, elle aussi. Elle aura son bébé d'ici quelques mois. Comme tu vois, mon amour, il y a beaucoup de femmes enceintes au village par les temps qui courent, commente la jeune fille sur un ton amer. Quoi qu'il en soit, j'ai décidé de saisir cette chance pour enfin venir te rejoindre.

– Tu as très bien fait! Je suis si heureux de t'avoir à nouveau dans mes bras, réplique Philippe en la serrant très fort contre lui.

– Embrasse-moi, Philippe, chuchote Corinne en lui offrant ses lèvres.

Philippe ne se fait pas prier pour répondre à cette supplication charmante. La bouche de la jeune fille constitue une tentation à laquelle il ne peut résister.

Il s'emballe aussitôt et fait partager son ardeur à Corinne. La jeune fille gémit à ce contact fougueux et s'ouvre comme une fleur au soleil pour l'accueillir en elle. Le baiser se prolonge. La réaction de Philippe est instantanée. Son sexe se dresse, sortant enfin de la longue abstinence qu'il a été contraint de subir à cause de la vigilance du médecin. Le jeune homme a été cruellement privé de la chaleur sensuelle du corps de sa maîtresse. Le besoin urgent de la posséder le remplit d'une chaleur intense et passionnée qu'il communique à Corinne. La jeune fille se met aussitôt à geindre d'un vibrant plaisir sous les caresses avides de son amant.

– Corinne..., ma Corinne..., gémit Philippe, je t'aime tant! Il est trop tard à présent pour reculer. Son corps le trahit, enflammé d'une passion presque violente.

De ses mains tremblantes, il défait les boutons qui retiennent la tunique de Corinne et la débarrasse de ce vêtement qui constitue une barrière à son désir.

– J'ai envie de toi! dit-il dans un souffle, voulant l'entraîner dans sa folie.

– Moi aussi, répond la jeune fille d'une voix enivrée par la sensualité.

– Tu me rends complètement fou...

Corinne rit doucement et tend à nouveau ses lèvres comme une offrande. Dans un murmure des plus sensuels, elle implore:

– Philippe..., viens en moi... maintenant... Je n'en peux plus de t'espérer.

Philippe l'embrasse pour la faire taire, mais, la voyant impatiente de le sentir en elle, il se lève du lit et retire rapidement tous ses vêtements.

La jeune fille l'accueille sur elle. D'une voix audacieuse, que seul l'amour peut inspirer, elle déclare:

– Tu es beau, Philippe! J'ai envie de t'apparte-
nir...

– Corinne, réplique-t-il, le souffle court, tu par-
les comme une petite dévergondée... Ce n'est pas
un langage pour une jeune fille, ni même pour une
femme.

– Rien ni personne ne pourra m'empêcher de te
vouloir, Philippe!

– Corinne..., ma douce sorcière..., tu me rends
si heureux!

Philippe la pénètre enfin, et Corinne arque ses
reins pour le recevoir. Il croit s'évanouir de plaisir
en prenant possession de ce corps chaud et invitant.
Dieu! que cet acte défendu est bon! Exaltant! Il sent
son sexe se contracter. «*Non! Pas maintenant! Pas
tout de suite!*» s'ordonne-t-il.

Mais l'interdit qui frappe cette situation lui revient à l'esprit, ralentissant le plaisir intense qu'il
éprouve. Il a subitement une pensée pour le mal
qu'ils commettent tous les deux, eux, les amants
maudits de Kamouraska.

Ils iront en enfer, c'est certain! Son imagination
débordante le conduit, bien malgré lui, vers des
images hallucinantes où il voit le père de Corinne
lui botter le cul en maugréant, pris d'une rage folle.
Ces sombres réflexions freinent sa passion. Il glisse
et glisse dans l'intimité de sa bien-aimée, avec ce
tableau dérisoire qui le nargue et l'empêche de laisser éclater son plaisir en elle.

Corinne perd complètement la tête. Elle s'accroche à Philippe, puis un cri animal surgit de sa
gorge et elle enfonce ses ongles dans la chair mus-

clée du dos de son amant. Son corps se contorsionne en soubresauts et, pour la première fois de sa vie, sans comprendre ce qui lui arrive, elle hurle de plaisir.

Surpris, Philippe s'imagine qu'elle est possédée du démon; mais sa jouissance est telle que jaillit à son tour de sa gorge un long cri de satisfaction indescriptible.

Sont-ils en enfer ou au paradis? Philippe ne peut le dire tellement le bien et le mal se confondent dans son esprit fiévreux...

CHAPITRE 2

Kamouraska, le 14 décembre 1944

Debout sous le porche du cabinet de consultation du docteur Joseph Gagnon, Philippe attend un signe pour entrer. Son anxiété est à la limite de ce qu'un être humain peut tolérer. Il a choisi de rencontrer le médecin sur ce terrain neutre, se disant qu'il aurait ainsi plus de courage pour affronter son adversaire.

Quelques secondes plus tôt, Philippe a aperçu Corinne à la fenêtre de sa chambre. Elle lui a fait un signe hésitant de la main, espérant probablement ainsi le réconforter un peu.

Après un monologue intérieur intense, Philippe toussote pour signaler sa présence. Son cœur y va de quelques palpitations, indiquant sa grande nervosité. *«Bonté divine! Qu'est-ce que j'ai à frissonner honteusement devant cet homme?»* se dit-il, déçu par sa propre lâcheté.

Il ne peut s'empêcher de se sentir diminué devant l'autorité incontestable du médecin. Une cinquième année scolaire, à peine complétée, le dévalorise devant cet homme.

Ses pensées le ramènent alors vers son père. La crise économique et le chômage des années 30 l'avaient contraint à retirer Philippe de l'école à l'âge de douze ans pour participer aux travaux de la ferme. Étant donné que ses frères n'avaient pas échappé à la conscription, son père avait un besoin pressant de ses deux bras pour faire produire la terre à son maximum en ces temps de guerre.

Bien qu'il ne fût pas un génie à l'école, Philippe réussissait tout de même assez bien. Mais lorsqu'on est né garçon de ferme, le destin est tout tracé devant soi. Dans l'esprit du jeune homme, il était parfaitement logique que le médecin lui refuse l'autorisation d'épouser sa fille.

Remarquant enfin sa présence, Joseph Gagnon se retourne et pose un regard pénétrant sur Philippe. Pendant un bref instant, son visage exprime la surprise, laquelle se traduit par un haussement de sourcils, des sourcils étrangement épais et grisonnants. Quelques secondes s'effritent, pendant lesquelles les deux hommes se confrontent en silence. Le premier moment de stupeur passé, le père de Corinne l'interpelle brusquement:

– Que fais-tu ici, Philippe? Es-tu malade?

– Non, docteur!

S'armant de courage, Philippe relève les épaules.

– J'aimerais simplement discuter avec vous... de quelque chose d'important...

L'expression de l'homme se durcit instantanément.

– S'il s'agit de ma fille, tu peux déguerpir d'ici tout de suite, l'avertit-il, l'œil mauvais.

Ce ton provocateur et acerbe irrite Philippe au plus haut degré. Il inspire profondément, ce qui lui procure un peu d'assurance.

– J'aime votre fille, docteur Gagnon, et je désire l'épouser.

– Tu es fou! s'écrie le médecin en s'esclaffant. Tu as fui la guerre et tu es tout juste capable de te nourrir toi-même! Comment parviendras-tu à nourrir une ribambelle d'enfants?

– J'ai un peu d'argent de côté! Votre fille ne manquera de rien! rétorque Philippe.

– Sors d'ici avant que je te botte les fesses! Des bons à rien comme toi, je n'en veux pas dans ma famille!

Les propos méprisants du médecin attirent la colère de Philippe.

– Docteur Gagnon, votre fille attend un enfant de moi! prononce-t-il d'une voix tendue.

En entendant ces mots, une stupéfaction indescriptible se peint sur le visage de ce quinquagénaire aux tempes grisonnantes et au crâne dégarni comme un œuf. L'homme se redresse avec force, une colère viscérale le submergeant. Quittant brusquement la chaise où il est assis, il brandit son poing devant la figure de Philippe. Celui-ci recule instinctivement de quelques pas.

– Quoi? Tu as abusé de ma fille? Espèce...! Espèce de...! Mais les mots meurent sur ses lèvres blanches.

– Votre fille et moi, nous nous aimons, docteur Gagnon!

– Voyou de la pire espèce! Comment as-tu osé abuser d'une jeune fille innocente? Et tu as le culot de la demander en mariage! Tu savais que j'allais refuser; alors tu l'as déshonorée... en pensant que je serais obligé de t'accorder sa main! Jamais, tu m'entends? Jamais, tu n'épouseras ma fille!

– Non, monsieur Gagnon! Vous vous trompez complètement! Calmez-vous, voyons!

– Je vais te tuer, sale crapule! Sale petite vermine!

Philippe comprend à son regard chargé de haine, que le vieil homme ne va pas baisser si facilement les bras. Il le regarde se précipiter vers une armoire pour s'emparer d'une carabine qu'il braque sur lui dans un geste vengeur.

– Je vais te tuer! répète le médecin.

Philippe blêmit à son tour. Apeuré, il hurle:

– Non, docteur! Attendez! Ne faites pas ça.

– Voir si je vais me gêner, sale hypocrite! Tu n'es même pas un homme!

Humilié et irrité, Philippe se rue sur le père de Corinne pour lui arracher son arme. Mais Joseph

Gagnon est animé par une telle fureur que Philippe ne réussit qu'à faire dévier la carabine.

Le coup part et retentit dans ses oreilles alors que la balle vient se loger dans sa cuisse droite. Une violente douleur le fait s'écrouler sur le sol. Croyant sa dernière heure arrivée, il demande mentalement pardon à Dieu pour toutes les fautes qu'il a commises, puis il sombre dans l'inconscience.

* * *

Alertée par les cris et le coup de feu, Corinne se précipite vers sa mère en hurlant de terreur:

– Maman! Papa a tiré sur Philippe!

– Mon Dieu! s'écrit Marie-Ange Gagnon qui accourt au cabinet de son mari sans plus attendre.

Telle une furie, elle pénètre à l'intérieur de la pièce, tout essoufflée, et constate le sérieux de la situation. Ravalant sa salive, elle s'adresse à son mari d'une voix dure dénonciatrice qui résonne comme un cri:

– Joseph!

– Ne te mêle pas de ça, Marie-Ange! réplique son époux sur un ton glacial. C'est une histoire entre hommes. Je vais tuer ce voyou! Il a déshonoré notre fille!

Les yeux de Marie-Ange s'arrondissent d'épouvante. Philippe gît par terre dans une mare de sang alors que Joseph tient toujours son arme braquée contre le visage du jeune homme, prêt à tirer. Marie-Ange fait appel à toute sa force intérieure pour s'empêcher de prononcer la moindre parole qui pourrait être fatidique pour Philippe.

– Pense au mariage de Rose, Joseph! amorce-t-elle prudemment, espérant forcer son mari à retrouver ses esprits.

Une grimace vient tordre le visage de Joseph.

– Nos deux filles seront la risée de tous si tu tues ce garçon! poursuit Marie-Ange.

Joseph pose un regard fou sur celui de sa femme. Bien malgré lui, il laisse échapper une larme de dépit, trahissant ainsi son émotion. Puis il secoue la tête, comme pour se sortir d'un mauvais rêve.

Quelque peu rassurée, Marie-Ange comprend que son époux vient de retrouver un brin de raison. Elle poursuit, d'une voix plus calme cette fois:

– Laissons-les se marier, Joseph... Nous les installerons dans un autre village.

– Non, ça jamais! s'objecte aussitôt le médecin. Ce bon à rien n'aura jamais ma fille!

– Si tu le tues, Dieu se vengera sur toi, Joseph!

Le visage de Joseph Gagnon exprime à nouveau une vive fureur. Il en grince des dents.

– Alors, nous serons trois en enfer! lance-t-il sur un ton de défi.

La peur lui noue l'estomac, mais Marie-Ange s'efforce de n'en rien laisser paraître. Courageusement, elle tente de conserver son sang-froid.

– Réfléchis, Joseph! l'enjoint-elle. Pendant sa grossesse, nous pourrons envoyer Corinne dans un pensionnat pour jeunes filles. Ensuite, nous adopterons l'enfant.

Joseph hausse un sourcil d'un air contrarié.

– Pense à Rose, Joseph, insiste-t-elle. Je t'en supplie!

Après quelques secondes qui paraissent interminables à Marie-Ange, Joseph consent finalement à baisser son arme. Son visage exprime une affliction profonde. Vaincu, envahi par un profond sentiment d'impuissance, il applique son pied sur le postérieur de Philippe tout en jurant grossièrement.

Brutalement ramené à lui, Philippe ne peut s'empêcher de crier devant cette nouvelle injure.

Avec des gestes mesurés et silencieux, Marie-Ange s'avance vers son époux et lui enlève la carabine des mains pour la déposer en lieu sûr. Rassurée, elle traverse le cabinet et s'empare d'une bouteille d'alcool et de quelques pansements qu'elle compte utiliser pour soigner le jeune homme. Elle tente de relever celui-ci, mais il est terriblement lourd. Avec beaucoup d'efforts, elle parvient tout de même à le tirer jusqu'à la table d'examen.

Prenant son courage à deux mains, elle ordonne:

– Aide-moi, Joseph! On ne peut laisser ce garçon dans cet état.

– Tu ne vas tout de même pas soigner ce voyou, Marie-Ange! s'offusque Joseph qui revient péniblement à la réalité et trouve ce geste de générosité complètement illogique.

– Il est écrit dans la bible: «Aimez vos ennemis et priez pour ceux qui vous persécutent.» Toi, Joseph Gagnon, un homme de droiture, tu devrais savoir cela depuis fort longtemps!

Frustré par le ton ferme de sa femme, Joseph se décide enfin à lui apporter son concours. C'est à cet instant qu'il remarque la présence discrète de Corinne dans la pièce. La honte refait aussitôt surface en lui, provoquant un regain de violence.

– Sors d'ici, espèce de petite dévergondée! lui lance-t-il. Va-t'en dans ta chambre, jusqu'à ce que je prenne une décision à ton sujet!

Marie-Ange fait signe à sa fille de se retirer sans faire d'histoires. Se pliant à l'autorité de son père, Corinne disparaît de la pièce en étouffant, de ses deux mains, les sanglots qui menacent d'éclater à tout moment.

La colère inscrite sur ses traits, Joseph Gagnon s'attaque à la jambe de Philippe, avec des gestes brusques. D'une main rageuse, il déchire le pantalon d'étoffe bon marché du jeune homme, juste en haut de la blessure. Il extirpe la balle, qui est profondément enfoncée dans le muscle de la cuisse puis, sans plus de précaution, il sort du cabinet en claquant brutalement la porte derrière lui.

Soulagée par le départ de son époux, Marie-Ange reste seule avec Philippe. De ses mains tremblantes, elle nettoie sa blessure et lui fabrique un pansement pour protéger la plaie contre l'infection. Sa tâche terminée, elle sort de la maison et appelle son homme engagé:

– Firmin! crie-t-elle à maintes reprises, sans obtenir de réponse.

– Firmin! répète-t-elle de plus belle, tout en plaçant ses mains autour de sa bouche, de manière à s'en faire un porte-voix.

Finalement, l'homme fait son apparition. Il demande essoufflé:

– Que puis-je faire pour vous, madame Gagnon?

– Selle les chevaux! ordonne-t-elle. Tu vas m'aider à ramener un patient chez lui.

– Bien, madame!

Aidée de Firmin, Marie-Ange hisse le corps inerte de Philippe sur le siège de la carriole tirée par deux chevaux et ils quittent rapidement les lieux. Pour rien au monde, Marie-Ange ne voudrait faire la rencontre des villageois de Kamouraska. Heureusement pour eux, il y a peu de va-et-vient au village en cette fin d'après-midi. Les hommes, pour la plupart, se trouvent dans les étables à *faire le train*, tandis que leurs épouses préparent le repas du soir.

Après quelques minutes de route, qui paraissent interminables à Marie-Ange, Firmin engage finalement la carriole sur un chemin sinueux qui conduit directement au modeste refuge de Philippe.

– Tu sembles savoir où habite cet homme, Firmin, fait remarquer Marie-Ange d'un ton sec.

– Oui, madame. C'est le fils d'Onésime Beaulieu. Il s'est construit une cabane en bois près d'ici.

– Parfait! Dis-moi, Firmin, tu sais sans doute ce qui s'est produit à la maison aujourd'hui, n'est-ce pas?

Firmin se gratte la tête d'un air embarrassé et répond:

– J'ai entendu un coup de feu, madame..., bien que... je n'en sois pas absolument certain...

Marie-Ange constate alors que ce vieux bougre de Firmin vendrait son âme au diable, si on le lui demandait pour sauver la réputation de Joseph.

– Eh bien, Firmin! Si tu ébruites cette sale affaire, mon mari te jettera dehors et il veillera personnellement à ce que tu ne trouves plus de travail dans la région. Tu m'as bien comprise, Firmin?

– Certainement, madame! Vous pouvez compter sur ma discrétion. Comme toujours, ajoute-t-il, légèrement offusqué.

– Parfait! Les gens croiront que nous avons abattu une bête pour faire boucherie. Il n'y a aucune raison pour qu'ils en sachent davantage!

– Bien entendu, madame Gagnon! Nous sommes arrivés, annonce-t-il soudain d'une voix neutre.

– Bon! Aide-moi à transporter ce jeune homme et attends-moi ici.

– Oui, madame Gagnon!

Philippe est assurément un homme robuste. Ce n'est pas étonnant qu'il plaise à Corinne. Quelles jeunes filles du village n'ont jamais jeté un regard d'envie sur ce beau et solide gaillard?

Épuisée, Marie-Ange tente de parler au jeune homme, souhaitant le sortir de son inconscience. Mais cela semble au-dessus des forces de ce garçon, pourtant bâti comme un athlète. Il se contente de gémir sans faire d'efforts pour reprendre ses sens.

Philippe est un homme très séduisant: il est grand, musclé, il a des cheveux bruns lustrés, des yeux d'un beau vert profond, la mâchoire carrée et virile; il doit bien mesurer six pieds et peser cent quatre-vingts livres.

– Philippe! Revenez à vous, le prie inlassablement Marie-Ange.

– Je me sens mal, se contente d'articuler Philippe d'une voix faible.

Il est au bord de la nausée. Et cette voix qui insiste pour se faire entendre commence à lui taper sur les nerfs. De guerre lasse, il capitule.

– Oui..., risque-t-il.

– Écoutez-moi attentivement. Je ne sais pas ce que fera mon mari en ce qui concerne Corinne, mais je crains le pire! Aimez-vous ma fille, Philippe?

– Oui, répond le jeune homme dans un souffle. Je vous jure... que je désire... l'épouser...

– Alors, laissez-moi deux jours pour tout arranger... Et surtout, restez ici! Je reviendrai vous voir pour vous dire ce que nous ferons. M'entendez-vous, Philippe?

– Oui. Je reste ici... c'est promis, parvient-il à murmurer, malgré la douleur intolérable qui lui tenaille la jambe.

– Bon! Restez couché jusqu'à demain. Ne faites aucun effort inutile. Je vous ai apporté des béquilles pour que vous puissiez vous appuyer dessus, ainsi que des médicaments que vous pourrez prendre pour calmer la douleur. Vous devriez vous sentir un peu mieux demain. Vous serez alors en mesure de sortir du lit. Bonsoir, Philippe!

– Merci... madame Gagnon.

Satisfaite, Marie-Ange se lève et se dirige vers la porte du modeste abri du jeune homme, et elle la referme sur elle. Enfin seul, Philippe peut donner libre cours aux larmes de rage, d'humiliation et de douleur qui s'échappent de ses yeux.

* * *

– Tu n'es qu'une petite traînée, Corinne! aboie presque Joseph Gagnon.

– Oui, père, répond Corinne, affolée.

La jeune fille se sent sale et humiliée face à cet assaut de hargne que lui crache son père en pleine figure. Résignée cependant, elle subit cette longue confrontation sans se défendre. Mieux vaut se mordre sept fois la langue plutôt que de répliquer. Elle ne doit pas braver l'autorité incontestable, car cela ne ferait qu'accroître la colère de son tortionnaire.

Quel péché, quel acte si répréhensible avait-elle donc commis, sinon d'aimer Philippe? Si son père avait accepté cet amour, elle serait déjà mariée à l'heure actuelle, et elle ne se serait pas compromise avec le jeune homme.

– Papa, hasarde-t-elle, suppliante, j'aime Philippe et je veux être sa femme.

– Tu es complètement folle! Tu portes dans ton ventre l'enfant du mal! Comment oses-tu prononcer de telles énormités?

Corinne suffoque de chagrin. Son père est tellement cruel vis-à-vis de ce qu'elle éprouve.

– L'amour ne peut pas être mal, papa... murmure-t-elle, à bout d'arguments. Jésus lui-même nous a enseigné de nous aimer les uns les autres.

Scandalisé par ce que vient de dire sa fille, Joseph se fait plus violent.

– Tu es pire que ce que j'avais imaginé! Tu vas même jusqu'à blasphémer en reprenant les paroles de la sainte bible.

– Papa..., je t'en conjure..., essaie de comprendre! Je veux élever ce bébé et vivre avec Philippe.

Joseph tourne en rond dans la petite chambre de sa fille. Cette enfant l'exaspère et le scandalise à la fois.

– Tu ne peux élever l'enfant du démon et profaner ton âme de la sorte, hurle-t-il, les yeux injectés de sang. Je vais l'extirper de tes entrailles, moi, cet enfant! Il n'a aucun droit à la vie. Ensuite, je te ferai entrer dans un couvent de religieuses à Québec! Et je t'y amènerai de force s'il le faut! Crois-moi, tu n'auras pas assez de toute ta vie pour racheter tes fautes et sauver ton âme de l'enfer!

– Tu n'as pas le droit de décider ainsi de ma vie, papa! s'objecte Corinne, qui se rebelle avec force.

– Ah non! Je suis ton père et j'ai tous les droits sur toi!

C'est ce moment que choisit Marie-Ange pour pénétrer dans la chambre. Lorsque Corinne la voit, elle se jette dans les bras de sa mère en gémissant:

– Maman... C'est injuste! Papa veut arracher mon bébé de mon ventre!

Marie-Ange reçoit sa fille sur sa poitrine, mais elle ressent une colère si vive qu'elle élève la voix à son tour:

– Retournons dans ton cabinet, Joseph! Nous devons discuter de tout cela!

– N'essaie surtout pas de m'amadouer, Marie-Ange. Je t'avertis que je ne changerai pas d'idée! s'emporte une fois de plus le médecin.

– Descendons! insiste son épouse, en posant un regard décidé sur lui.

Ils quittent la pièce dans un silence total. Marie-Ange maintient délibérément une bonne distance entre elle et son mari. Elle désire réfléchir calmement et trouver la force nécessaire pour mieux l'affronter, consciente qu'elle joue l'avenir de sa fille. Ce sentiment l'ancre plus profondément dans sa détermination.

Elle sent Joseph tellement tendu, tellement agressif qu'elle prévoit que cette confrontation sera la plus orageuse de toute leur histoire commune.

Une fois dans le cabinet, Marie-Ange verrouille la porte derrière elle.

– Qu'as-tu l'intention de faire, Joseph? demande-t-elle sans ambages.

– J'ai examiné cette petite... traînée, commence-t-il, hargneux. Elle est enceinte d'au moins quatre mois. J'ai l'intention de l'avorter.

Cette décision, qu'il a prise sans aucune consultation et qu'il lui communique sur un ton aussi menaçant, bouleverse Marie-Ange autant que s'il se fût agi d'un coup de poignard. *«Il est devenu complètement fou!»* pense-t-elle, sans toutefois en rien laisser voir. Se peut-il que cet homme soit celui qu'elle a épousé? Lui, tellement puritain et moraliste. Que Joseph soit complètement dérouté par la situation, elle pouvait le comprendre, mais qu'il soit aussi cruel, ça, c'était difficile à accepter.

La réaction exagérée de son époux éveille chez Marie-Ange une combativité insoupçonnée. Inspirant à fond, elle lance d'un ton assuré:

– Réalises-tu les conséquences de ton acte, Joseph? Toi, un homme de Dieu! Toi qui as sauvé tant de vies humaines!

– Ta fille a déjà profané le saint nom de Dieu! répond Joseph du tac au tac. Elle nous a entraînés dans la déchéance la plus infâme qui puisse exister sur terre. Et tout ça... Et tout ça, c'est de ta faute, Marie-Ange Gagnon! Tu n'as même pas été capable de donner des notions acceptables de morale à tes filles!

Une envie de frapper son époux, submerge l'esprit de Marie-Ange. *«Voilà, nous y sommes!»* se dit-elle en serrant les poings jusqu'à s'en faire mal. Elle s'oblige toutefois à accuser le coup sans broncher.

Elle se dit que Joseph est trop lâche pour assumer sa part de responsabilité dans l'éducation de ses filles. Cette constatation ne la surprend guère. Comment aurait-il pu admettre, ne fût-ce qu'un seul instant, qu'il pouvait y être pour quelque chose dans la grossesse de Corinne? Ce serait beaucoup trop attendre de lui. La révolte prend Marie-Ange aux tripes, car, plus que toute autre, elle-même a été la cible parfaite de cet être ignoble. Cette manière qu'il a de se référer continuellement à sa grande moralité l'irrite profondément.

– Réalises-tu que nous devrons tous payer pour tes erreurs, Marie-Ange? poursuit le médecin, sans se douter de l'effroyable colère qui agite son épouse.

– Crois-tu que je n'ai jamais remarqué la façon honteuse dont tu te comportes dans nos moments d'intimité lorsque j'accomplis mon devoir d'époux? Le démon est en toi, Marie-Ange! Et maintenant, tu l'extirpes de ton propre ventre pour le mettre dans celui de ta fille, hurle-t-il, le regard mauvais.

Marie-Ange ferme ses yeux très fort pour ne pas pleurer. Sur le bureau de son époux, la carabine qu'elle a déposée quelques heures plus tôt la nargue et l'invite à la vengeance. Quelques secondes s'écoulent, pendant lesquelles elle laisse grandir sa fureur et son indignation. L'heure de vérité a enfin sonné. Elle lève la tête et redresse les épaules. Elle fait ensuite quelques pas en direction de l'arme, la saisit et la braque sur son époux. Celui-ci a les yeux exorbités par la surprise que suscite ce geste inconsidéré.

– Qu'est-ce que tu fais? demande-t-il froidement.

Lentement, mais d'une voix assurée et chargée de mépris, elle laisse tomber:

– Maintenant, tu vas m'écouter, Joseph Gagnon! Parce qu'il est plus que temps que tu saches enfin ce que je pense de toi!

Joseph réprime un frisson. La stupéfaction se peint sur son visage.

– Ah! je suis possédée du diable! poursuit-elle. Eh bien, mon bonhomme! Je vais te montrer de quoi je suis capable!

– Voyons, Marie-Ange! bafouille Joseph. Ce n'est pas ce que je voulais dire...

– Tais-toi! commande-t-elle d'un ton sec. Écoute-moi bien. Souviens-toi, Joseph, lorsque tu as demandé ma main à mon père, j'étais... innocente. Je ne savais rien des devoirs d'une femme envers son époux! Tu t'en souviens, n'est-ce pas, Joseph? Tu te rappelles sans doute aussi m'avoir entraînée dans un sous-bois, après avoir convaincu mon père de me laisser faire une promenade avec toi, pour soi-disant mieux me connaître. Fais donc appel à tes souvenirs, Joseph Gagnon! Ce qui s'est produit en cet après-midi de juillet 1924 n'est guère plus honorable que ce qui se passe en ce moment entre Philippe et Corinne. Souviens-toi de cette petite clairière où tu m'as entraînée. Tu disais que tu voulais entendre le chant des oiseaux... Mais tu ne t'es pas contenté d'écouter le chant des oiseaux,

45

Joseph! Oh que non! Tu avais des intentions mal-
veillantes à mon égard! Rappelle-toi, Joseph!
martela-t-elle d'une voix lente et fulminante de
rage. Tu m'as sauvagement violée! Et tu m'as défendu de parler à quiconque de ce qui s'était passé
entre nous. Tu t'en souviens, n'est-ce pas, Joseph?

La honte et la peur submergent Joseph.

– Mais... je t'ai épousée presque tout de suite,
se défend-il, dans un maigre effort pour se discul-
per.

– Eh oui! Pour mon grand malheur, tu m'as
épousée, le coupe-t-elle sans pitié, heureuse de
l'avantage qu'elle a sur lui. Et tu crois avoir ainsi
racheté tes fautes?

– Je t'ai honorée en t'épousant...

– Honorer! Ah! Quel honneur ce fut pour moi!
Te souviens-tu également que tu as répété cet acte,
que tu appelles «ta preuve d'amour», chaque soir
que le bon Dieu amenait? Tu soufflais comme une
locomotive, alors que moi, je croyais que tu souf-
frais afin de me faire un enfant. Tu m'as tenue dans
l'ignorance de la sexualité pendant des années en-
tières, Joseph! Jusqu'à ce que je tombe enceinte de
Rose. Alors là seulement, tu t'es enfin décidé à
m'instruire un peu. Et tu l'as fait d'une telle façon
que je me refuse à la décrire, tellement c'était hu-
miliant. Je te déteste depuis ce jour où, dans le
sous-bois, tu m'as dépouillée de mon innocence. Tu
es un être abject et répugnant. Je ne sais pas comment j'ai pu vivre toutes ces années auprès de toi!

Joseph baisse les yeux de honte. Il est effondré.
Mais Marie-Ange n'éprouve aucune compassion
pour lui. Un profond désir de lui faire du mal enva-

hit son être tout entier. Elle jubile de voir son époux ainsi anéanti.

Marie-Ange prend alors conscience que, pendant toutes ces années, elle s'est sentie responsable de ce viol. Mais à présent, elle a l'impression qu'un voile se lève sur sa conscience. Un voile qu'elle déchire par petites bribes, lui révélant sa malheureuse condition de femme mariée.

— Ta plus grande erreur, Joseph, ce fut de m'avoir tenue dans l'ignorance. Tu t'es bien amusé à mes dépens! J'ai dû fouiller dans tes livres de médecine pour enfin pouvoir découvrir mon corps et comprendre comment on mettait des enfants au monde. Qu'est-ce que tu croyais, Joseph? Que je n'étais pas suffisamment intelligente pour comprendre comment une femme était constituée! Que tu pouvais m'utiliser indéfiniment comme une vulgaire poupée de chiffon, pour te masturber?

— Arrête, Marie-Ange! Ça suffit maintenant! Tu deviens vulgaire, et ton discours ne rime à rien!

Un déclic avertit Joseph que Marie-Ange est sur le point de presser la détente de l'arme dont le canon est pointé droit sur son cœur. Joseph recule instinctivement, son regard rivé sur le pontet de la carabine qui est en position de tir. Dans un sursaut de panique, il murmure:

— Arrête! Je ferai ce que tu veux.

— Désormais, tu n'as plus aucun pouvoir sur moi, Joseph Gagnon! Curieusement, je n'ai plus peur de toi du tout à présent! Tu es un homme faible et médiocre, et plus jamais tu ne me soumettras à toi! C'est fini! Tu m'as bien comprise?

47

– Oui..., répond faiblement l'homme.

Marie-Ange n'aurait jamais cru qu'une telle fureur puisse l'habiter. Forte de cette conviction, elle poursuit:

– Je ne te laisse aucun choix, Joseph! Ou bien tu acceptes que Corinne épouse Philippe et qu'ils s'installent tous deux à Notre-Dame-du-Portage, dans la maison que j'ai héritée de mon père, ou bien je pars avec eux! Choisis!

Vaincu par cet accès de colère, Joseph, s'écroule sur la chaise de son bureau. Ce n'est qu'à ce moment que Marie-Ange accepte de baisser son arme. Les yeux du vieil homme se lèvent sur son épouse, suppliants:

– Reste, Marie-Ange... Je ferai tout ce que tu désires...

L'épouse de Joseph Gagnon sourit intérieurement. Elle vient de remporter une bataille. Il s'agit d'une grande victoire sur lui, et sur elle-même également. Pour la première fois de sa vie, elle se sent une femme respectée. Un regain d'énergie s'accompagnant d'un nouveau sentiment de dignité humaine vient lui tapisser agréablement le cœur.

Un coup discret frappé à la porte du cabinet vient la tirer de ses réflexions. Elle dépose l'arme sur le bureau et s'éloigne de son mari pour aller répondre. C'est Corinne. Elle affiche un visage ravagé par le chagrin.

Marie-Ange pose un regard rassurant sur sa fille et demande:

– Qu'est-ce qu'il y a, Corinne?

– On frappe à la porte depuis un bon moment. Comme il n'y avait personne pour répondre, je me suis permis de descendre pour aller ouvrir. C'est monsieur Michaud. Il vous apporte du beurre... comme paiement pour l'accouchement de sa femme.

– C'est bien, Corinne! J'y vais à l'instant. Reste avec ton père. Je pense qu'il a quelque chose d'important à te dire.

CHAPITRE 3

Notre-Dame-du-Portage, le 12 mai 1945

Corinne et Philippe sont mariés depuis le 2 janvier 1945, soit presque trois semaines après cet affrontement douloureux. Marie-Ange les a installés confortablement dans la maison ancestrale où elle-même a vu le jour. Philippe ne peut cependant s'empêcher d'être nerveux depuis quelques jours.

Il se remémore la trop brève célébration nuptiale à laquelle très peu de gens ont assisté et où il s'est vu endosser le statut d'homme marié sans avoir trop eu le temps d'y réfléchir. Encore heureux que Joseph Gagnon ait tenu à ce que le mariage fût célébré à Kamouraska. Sans doute pour faire taire les mauvaises langues du village.

Au grand soulagement de son époux, les talents de couturière de Marie-Ange ont permis de dissimuler la grossesse de Corinne. Seul le curé Gagnon a été mis au courant du drame que vivait la famille Gagnon.

Philippe devrait avoir le cœur réjoui puisque, ajouté à son bonheur d'avoir épousé Corinne, on célèbre l'armistice partout au pays depuis le 8 mai dernier. Les combattants reviennent dans leur région, pour la plus grande joie de leurs familles. La radio et les journaux publient à la une les nouvelles de dernière heure. Et c'est dans cette ambiance de fête que nos deux tourtereaux filent le parfait amour. Sauf depuis ce matin. La grossesse de Corinne est maintenant rendue à terme, et Philippe travaille comme un forcené pour oublier ses craintes concernant l'accouchement.

Il a la désagréable impression d'avoir une trop grosse responsabilité sur les épaules. Il est vrai que Joseph Gagnon l'a averti qu'il ne se déplacerait pas pour délivrer sa fille. D'ailleurs, il a clairement fait comprendre au jeune couple qu'il ne désirait plus jamais les revoir. Malgré le bonheur qu'ils éprouvent tous les deux à vivre enfin ensemble, Philippe sent bien la tristesse que provoque chez Corinne le rejet de son père.

– Philippe! Philippe!

Cette interpellation, prononcée fortement à son intention, fige Philippe sur place. Instinctivement, il lève les yeux vers Corinne. Il constate aussitôt que quelque chose ne va pas, car la jeune femme a les deux mains crispées sur son ventre. Mû par une peur irrépressible, il lâche automatiquement la bêche qu'il tenait à la main pour se précipiter au secours de sa femme. Quelques secondes suffisent pour qu'il se retrouve à ses côtés. La panique le gagne rapidement.

– Mon Dieu, Corinne! Qu'est-ce qui ne va pas? s'écrie-t-il, pressentant déjà la réponse.

— Je crois que c'est le moment, Philippe, annonce fièrement Corinne.

— Tu veux dire... tout de suite?

— Je pense que dans quelques heures..., tu seras papa.

Cette annonce, Philippe l'appréhendait depuis quelques jours. Mais voilà qu'une intense douleur arrache une longue plainte à Corinne. Son corps se plie en deux. Philippe grimace. Ses mains tremblent de nervosité.

— Je vais chercher le docteur Hudon! annonce-t-il.

— Non! Ce n'est rien... Tout est normal, le rassure Corinne. Supporte-moi un peu, tu veux? Je vais marcher.

— Mais je ne crois pas que tu puisses marcher dans cet état... C'est complètement insensé! Viens, je vais t'aider à t'étendre sur le lit.

— Non! refuse catégoriquement Corinne.

— Allons chérie, sois un peu raisonnable! répond Philippe, qui ne sait trop quelle attitude adopter.

— Je n'ai pas envie d'être raisonnable, Philippe! Mon Dieu! Pourquoi maman n'est-elle pas encore arrivée? s'informe-t-elle d'un ton inquiet.

— Je ne sais pas, chérie... Elle devrait être ici depuis deux jours maintenant. Elle a probablement été retardée.

Une nouvelle douleur traverse le corps de Corinne. Cessant de marcher, elle s'efforce de respirer profondément.

Philippe la soutient tout le temps que dure la contraction. Ses yeux reflètent l'angoisse et l'impuissance de ne pouvoir la soulager.

— Corinne, supplie-t-il, nous devrions rentrer...

— Dieu du ciel que ça fait mal!

— Nous rentrons! tranche alors Philippe, sur un ton qui n'admet aucune réplique.

À ces mots, une nouvelle douleur, plus violente que les précédentes, assaille Corinne. Elle hurle et se cramponne au bras de Philippe.

— Papa..., laisse-t-elle échapper du bout des lèvres. Et elle se met aussitôt à sangloter.

— Je vais te conduire chez madame Moreau, le temps d'aller chercher ta mère, annonce Philippe, d'une voix de plus en plus anxieuse.

— Cela va te paraître insensé, Philippe, mais c'est mon père que je désire voir, murmure Corinne en guise de réponse.

— Tu sais bien que c'est impossible, Corinne. Ton père ne viendra pas. Accroche-toi à moi, nous rentrons!

Philippe la soulève dans ses bras et la transporte jusque dans la chambre. D'une voix altérée par l'effort, il annonce:

— Voilà, nous y sommes arrivés!

Et il oblige Corinne à s'étendre sur le lit.

– Dis-moi ce que je dois faire à présent, demande-t-il.

– Donne-moi ma chemise de nuit et va me chercher de l'eau chaude et du savon. Emporte aussi des draps de rechange, explique courageusement Corinne.

– Tout de suite!

Dans son for intérieur, Philippe supplie Dieu pour qu'apparaisse sa belle-mère. Il ne connaît strictement rien aux accouchements, lui, même si Corinne lui a expliqué en détails, et à maintes reprises, ce qu'il fallait faire en cas d'urgence. Il se sent trop agité intérieurement pour être efficace. *«Il faut que je me calme!»* se dit-il.

Un nouveau cri de Corinne lui fait courir un frisson dans le dos. Son visage blêmit d'effroi.

– Philippe! ça fait de plus en plus mal! sanglote Corinne de la chambre à coucher.

– Je sais, chérie, murmure Philippe d'une voix qu'il désire rassurante. Tout ira bien, je te le promets!

Mais il est loin de ressentir cette sérénité qu'il espère tant lui communiquer. Même qu'il pressent le pire. Il se plonge à nouveau dans des supplications muettes, et tente désespérément d'y puiser un peu de réconfort.

De longues heures s'écoulent ainsi. Philippe n'en peut plus. Il sent qu'il va devenir fou. Corinne refuse toujours l'aide de la sage-femme du village.

Elle pleure, gémit, hurle, s'agrippe aux montants du lit, se crispe chaque fois qu'une contraction l'assaille, mais elle refuse obstinément l'aide de plus compétent que son mari. Il a beau supplier, Corinne ne cède pas.

Malgré lui, Philippe effectue d'instinct les gestes qui soulagent un peu sa femme. Il lui frictionne les reins avec de l'alcool, tout en épongeant son visage et son corps qui sont continuellement trempés de sueur.

Parfois, il a l'impression qu'elle sombre dans l'inconscience, mais elle s'accroche de toutes ses forces à la vie. Elle lutte contre cet assaut qu'elle subit. Elle se bat pour remporter la victoire contre cette atroce souffrance.

— Je veux mon père! crie-t-elle à intervalles réguliers.

— Chérie, calme-toi! l'implore Philippe. Je vais chercher le docteur Hudon. Il saura quoi faire, lui, tente-t-il de la persuader.

— Non! Ne me quitte pas! Je t'en supplie, Philippe...

— Il le faudra bien pourtant... Je ne suis pas capable de t'accoucher, répète-t-il inlassablement.

— Ne m'abandonne pas, Philippe!

La peur le gagne de plus en plus. Chaque fois qu'il entend passer une voiture sur la route du fleuve, il se lève et court à la fenêtre de la cuisine, le cœur plein d'espoir à la pensée que c'est enfin madame Gagnon qui arrive. Mais ce n'est jamais elle, et il revient auprès de Corinne, chaque fois plus angoissé que la fois précédente.

Il regarde l'heure pour la centième fois. La vieille horloge de la salle à manger indique trois heures de l'après-midi. Cela fait maintenant plus de six heures que Corinne endure ce martyre. C'est interminable!

Les cris de souffrance de sa femme déchirent le silence tendu de la demeure.

— Corinne, je t'en supplie..., respire calmement.

— Non! crie-t-elle, il ne faut pas...

— Il ne faut pas quoi, Corinne? s'informe Philippe.

— Il ne faut pas que je pousse maintenant! Non! Retiens-moi!

Corinne se met à respirer rapidement, à la manière des petits chiens.

— Qu'est-ce qui se passe, Corinne?

— Le bébé... il pousse! Mon Dieu, il faut que je le retienne!

— Je vais chercher le médecin! dit Philippe en bondissant du lit.

— Non! Reste avec moi..., Philippe! Ne me laisse pas toute seule! hurle Corinne en constatant que Philippe s'apprête à partir.

— Il le faut, Corinne! Je reviens dans vingt minutes avec le médecin. Pardonne-moi..., mais je n'en peux plus. C'est au-dessus de mes forces. Je vais tout de suite chercher de l'aide.

– Non... Philippe... Non!

Mais plus rien ne peut retenir Philippe. Comme une âme en peine, il sort de la maison en courant. Il ne peut plus rien faire pour sa femme. Sauf aller chercher un médecin. Il est terrifié. Nerveusement, il selle sa jument et, sans perdre une seconde, il prend la route au galop. Ses yeux laissent échapper des larmes d'impuissance. Il éprouve du mal à voir son chemin et parvient difficilement à diriger son cheval qui ressent l'agitation de son maître. La bête s'affole et hennit en se dressant sur ses pattes arrière. Philippe tire sur la bride en criant:

– Wow, Darling! Wow! Calme-toi!

Sa jument un peu apaisée, Philippe s'apprête enfin à sortir de la route longeant le fleuve. C'est alors qu'il croise une voiture. Darling hennit de nouveau et se laisse gagner par l'épouvante. Tant bien que mal, Philippe parvient à maîtriser sa monture. Au même instant, une femme sort de la voiture et l'interpelle fortement:

– Bonjour, Philippe!

Philippe n'en croit pas ses yeux. Sa prière est enfin exaucée. C'est Marie-Ange Gagnon, sa belle-mère, bénie entre toutes les belles-mères, qui arrive sur l'entrefaite pour lui prêter main-forte. Il frissonne de joie.

– Madame Gagnon! Dieu soit loué! Vous voilà enfin!

– Qu'y a-t-il, Philippe? demande Marie-Ange, le visage soudainement ravagé par l'inquiétude.

– C'est Corinne... Elle souffre le martyre. Je ne savais plus quoi faire, ajoute-t-il en essuyant quelques larmes qui roulent librement sur ses joues.

– Suivez-moi! ordonne Marie-Ange. Vous aiderez Firmin à monter les bagages pendant que j'examine Corinne.

Les quelques arpents qui séparent Marie-Ange de la maison où souffre Corinne, lui paraissent une distance infranchissable. Enfin parvenue à destination, elle se précipite à l'intérieur pour se rendre au chevet de son enfant.

– Corinne, je suis là! annonce-t-elle, en prenant rapidement connaissance de la situation.

– Maman... Maman... C'est bien toi?

– Oui, chérie!

– Libère-moi... Je t'en supplie... Je n'en peux plus!

– Oui, chérie. Calme-toi, tout va bien se passer.

Dès cet instant, Marie-Ange prend les choses en main. Elle retrousse la robe de nuit de sa fille et l'examine d'un œil attentif en tentant d'oublier que c'est son enfant qui gît là, sur ce lit. Ses mains expertes fouillent habilement l'intérieur du corps de Corinne, qui se cambre pour réagir à cette intrusion humiliante dans son intimité. La douleur se fait vive, et Corinne pleure.

– Tout va bien, chérie! la rassure Marie-Ange.

– Alors... pourquoi... est-ce si douloureux, maman? parvient à dire Corinne.

– Tout cela est normal. Ne t'affole pas! Je suis là pour t'aider.

Le cœur serré, Marie-Ange sort rapidement de la chambre et se dirige vers son gendre. Elle le trouve assis dans la cuisine, blême, les yeux hagards. Lorsqu'elle se retrouve à sa hauteur, elle demande:

– L'eau est-elle prête?

– Presque! répond-il, en tentant de sonder le visage de sa belle-mère. L'expression de cette dernière est indéchiffrable.

– Laisse! Je vais m'occuper du reste, reprend Marie-Ange. Toi, va en voiture avec Firmin chercher le médecin. Fais très vite!

– Pourquoi? se risque à demander Philippe, comprenant que quelque chose ne va pas.

Marie-Ange le dévisage quelques instants. Ses yeux sont immenses et anxieux:

– Dis au médecin que Corinne a besoin d'une césarienne de toute urgence. Le passage est trop étroit pour le bébé... C'est un siège.

Puis Marie-Ange saisit le bras de son gendre et le serre fortement entre ses mains tremblantes. Son regard rivé à celui de Philippe, elle commande d'une voix suppliante:

– Ne perds pas une seconde, Philippe! Corinne est en danger.

Philippe sort de la maison en courant et trébuche en appelant Firmin. À l'expression tendu de son visage, Firmin comprend l'urgence de la situation:

— Faut-il un médecin pour votre épouse, monsieur Philippe?

— Oui. Conduis-moi au village le plus rapidement possible.

Le trajet paraît interminable à Philippe. Pourvu qu'il puisse ramener le médecin à temps pour sauver Corinne. C'est là sa seule préoccupation.

Lorsqu'il pénètre enfin dans l'immense demeure du docteur Hudon, il voit ce dernier affairé à panser un enfant qui semble s'être écorché un genou.

— Docteur Hudon! l'interpelle-t-il d'une voix essoufflée.

— Oh! Bonjour Philippe! Comment vas-tu, mon garçon?

— Dieu soit loué! Vous êtes ici...

— Qu'est-ce qu'il y a? Tu sembles bouleversé! s'inquiète le médecin en scrutant le visage du jeune homme.

— C'est ma femme! répond Philippe sans plus attendre. Ma belle-mère est auprès d'elle. Elle prétend que Corinne a besoin de vous tout de suite. Vite, docteur! C'est urgent, à ce qu'il paraît. Madame Gagnon dit que c'est un siège et que le passage est trop étroit pour l'enfant.

À ces mots, le médecin bondit de sa chaise et sort rapidement de son cabinet. À peine quelques secondes plus tard, il revient accompagné de son épouse. S'adressant à elle, il dit:

— Occupe-toi de cet enfant et annule tous mes autres rendez-vous. Je ne reviendrai sans doute pas avant demain matin. Je dois faire une césarienne à l'épouse de ce jeune homme.

— Tu peux compter sur moi, David! se contente de répondre sa femme.

À peine dix minutes se sont-elles écoulées que David Hudon se retrouve au chevet de Corinne. Il examine attentivement la jeune femme en fronçant les sourcils. Corinne est inconsciente, tandis que, à ses côtés, Marie-Ange attend anxieusement le diagnostic.

— Ça se présente très mal! annonce-t-il, mal à l'aise comme toujours devant le destin malheureux de certaines femmes.

— Je sais, répond Marie-Ange, qui sort un peu de sa torpeur.

— Je ne suis pas sûr que je pourrai la sauver, poursuit le médecin, l'air peiné. Il y a du regret dans sa voix.

— Je sais cela aussi..., répond Marie-Ange, avec un calme en apparence olympien.

Mais, au-dedans d'elle, ses émotions s'embrouillent. Elle craint pour la vie de sa fille. Elle pose un regard triste sur Corinne et caresse ses cheveux, comme si ce geste suffisait pour la réanimer.

– Sauvez ma fille, docteur! ordonne-t-elle enfin, le regard voilé, tandis que ses mains tremblent d'appréhension.

– Je dois tout d'abord discuter avec le père, répond le médecin, affreusement désolé.

– Je comprends...

Au même moment, Philippe fait son entrée dans la chambre, cette chambre que Corinne a peinte en jaune très pâle. La courtepointe qu'elle a cousue durant sa grossesse est tombée par terre, et cela suffit pour donner un caractère dramatique à la situation qui se vit actuellement dans cette pièce, dans cette chambre d'ordinaire si pleine de vie. Philippe ne comprend plus rien à ce qui arrive.

– Que se passe-t-il? interroge-t-il, les yeux rivés sur son épouse inconsciente.

Le docteur Hudon ne lui laisse pas le temps de s'interroger trop longuement; il répond:

– Je dois opérer Corinne. Mais, dans ce genre d'intervention..., il arrive parfois que l'on doive sacrifier une des deux vies en cause. Aussi, il est de mon devoir de vous demander, Philippe, au cas où le pire se produirait, qui de l'enfant ou de la mère je dois sauver. Comprenez-vous ce que j'essaie de vous dire?

Philippe a-t-il bien entendu? Cet homme lui demande de choisir entre la vie de sa femme et celle de son enfant?

Philippe croit qu'il va s'évanouir. Son pouls bat de façon désordonnée. *«Comment peut-on choisir entre deux vies?»* s'interroge-t-il. C'est complètement absurde! Et c'est lui qui est le grand responsable de cette situation.

– Philippe! insiste le médecin, il faut faire vite!

Cet état de crise intérieure l'oblige à croiser le regard de sa belle-mère. Une supplication muette se lit dans les yeux angoissés de cette femme désemparée devant le sort de son enfant. Ce regard bleu azur rappelle à Philippe les yeux de Corinne. La mère et la fille ont les mêmes, des yeux d'un bleu inoubliable, incroyablement vivants et sensuels. Non, Corinne ne peut pas mourir. Il ne pourrait vivre sans elle. Comment pourrait-il, lui, décider de laisser aller la femme qu'il aime. Se tournant vers le médecin, il supplie:

– Sauvez ma femme, docteur!

– Bien, Philippe! Je ferai tout ce que je peux.

Le soulagement se peint sur le visage du bon docteur Hudon. Rassuré, il se tourne vers Marie-Ange et demande:

– Vous sentez-vous capable de m'assister, madame Gagnon?

– Certainement! répond Marie-Ange, le cœur allégé par la décision de son gendre.

– Parfait! laisse tomber le docteur. Philippe, sortez maintenant! intime-t-il ensuite d'une voix ferme, sans possibilité de réplique.

Philippe ne se fait pas prier pour obéir. De toute façon, il aurait été impensable qu'il demeure, ne serait-ce que deux secondes de plus, dans cette chambre. Il s'empresse donc de sortir de la maison, le visage ravagé par l'inquiétude. Une violente colère s'empare de tout son être lorsqu'il grimpe à nouveau sur le dos de sa jument. Jurant contre son destin, il lance sa monture au galop et prend la direction de la mer en laissant son cheval courir sur les battures du fleuve. Cette course dure une bonne demi-heure. Essouflée, la jument s'arrête près d'un rocher, et Philippe consent à s'y asseoir.

Pendant ce qui lui paraît une éternité, il permet à ses larmes de jaillir, soulageant ainsi la tension qu'il subit depuis des heures. Il prie Dieu de sauver Corinne. Il refuse qu'elle meure par sa faute.

* * *

– Vous m'avez assisté d'une façon très efficace, madame Gagnon! affirme David Hudon d'un air heureux, devant une Marie-Ange qui semble flotter, tellement elle est soulagée.

– Merci docteur!

Avec des gestes tendres et infiniment délicats, cette femme menue mais vigoureuse lave sa petite-fille nouvellement née. David Hudon est en admiration devant ce petit bout de femme aux yeux inoubliables et aux mains si habiles.

– Vous avez été plus que merveilleux, vous aussi, docteur! répond-elle, franchement reconnaissante. Non seulement vous avez sauvé ma fille, mais en plus, vous avez permis à ma petite-fille de voir le jour. C'est un miracle!

– J'avoue que j'ai eu peur. Mais..., vous savez, la vitalité de la jeunesse me surprendra toujours.

– C'est vrai, et c'est merveilleux, répond Marie-Ange en souriant.

Elle rougit un peu, car elle ne peut s'empêcher de comtempler ce bel homme dont la bonté transpire par les pores de la peau, pour la plus grande joie de ceux qui l'approchent.

– Votre fille est très jeune, n'est-ce pas? demande-t-il, comme pour mettre un terme à ce doux instant de bonheur.

Marie-Ange baisse les yeux, embarrassée par cette question directe.

– Elle aura dix-huit ans en septembre prochain. Elle... s'est mariée enceinte de Philippe, ajoute-t-elle d'une toute petite voix, consciente qu'elle vient de trahir un lourd secret.

– Oh! excusez-moi! Je l'ignorais. Mais ne vous en faites pas... Cela arrive parfois dans les meilleures familles... rétorque-t-il, comme pour s'excuser de son indiscrétion.

– C'est vrai! convient Marie-Ange. Mais si Joseph apprend que je vous ai révélé cet horrible secret de famille, je n'ai pas fini d'en entendre parler.

– Je vois..., répond David en souriant. Joseph Gagnon a conservé son caractère emporté, à ce que je constate. Je me souviens qu'à l'école de médecine, il avait déjà la réputation d'avoir le cœur dur. Il était plutôt du genre froid et insensible. J'espérais qu'avec les années, il s'adoucirait un peu. Mais d'après ce que vous venez de m'apprendre, je me rends compte qu'il n'en est rien.

– Oh! C'est surtout un grand moralisateur! s'exclame Marie-Ange, qui ne peut s'empêcher de rire devant le portrait peu flatteur que David brosse de son homme.

Mais devrait-elle en éprouver de la gêne?

– Enfin, quoi qu'il en soit, reprend le médecin, vous, vous êtes une femme remarquable. Et grâce à votre aide plus qu'appréciée, nous venons de mettre au monde une adorable petite fille de plus de neuf livres. Elle semble en excellente santé, de surcroît. Nous pouvons donc, vous et moi, être fiers de notre exploit.

– C'est vrai, murmure Marie-Ange, légèrement troublée par les félicitations du médecin.

La façon d'agir de cet homme, l'oblige à s'interroger sur l'attitude de Joseph. Elle prend conscience que jamais son époux ne lui fait d'aussi agréables compliments. Le docteur Hudon lui paraît un homme tellement plus ouvert que Joseph qu'elle crève de jalousie en pensant à l'épouse de cet homme chaleureux. Cette audacieuse comparaison la fait rougir délicieusement.

Bien qu'elle ait à peine connu David Hudon durant son enfance, elle sait qu'il est marié à Marie-Louise Lévesque, la fille du maire Hector Lévesque.

À cette époque lointaine, et bien que Marie-Louise ait été de deux ans son aînée, les deux fillettes s'étaient liées d'une belle amitié qui avait débuté à l'école de rang. Bien des années plus tard, Marie-Ange avait su que le beau docteur Hudon avait épousé Marie-Louise et qu'ils avaient fondé une belle famille.

La curiosité pousse soudainement Marie-Ange à en savoir plus sur sa vie. Elle débute en disant:

— Docteur Hudon...

— Appelez-moi, David! la coupe-t-il gentiment.

Mal à l'aise à cause du caractère intime de cet entretien, Marie-Ange tente de fouiller le regard du médecin. Qu'espère-t-elle y lire au juste? Elle n'en sait trop rien. Elle réplique:

— Voyons... Je n'oserais jamais!

— Mais si! Je pense qu'après ce que nous venons de partager, nous pouvons nous permettre une certaine familiarité.

Après s'être arrêté quelques secondes pour réfléchir, il poursuit:

— Et puis, ne sommes-nous pas de vieilles connaissances? Si mes souvenirs sont exacts, nous avons tous les deux grandi dans ce village.

— C'est que...

Coupant court à ses réticences, le médecin reprend sur le ton de la confidence:

— Je me souviens très bien de vous lorsque vous aviez à peine quinze ans. Vous étiez remarquablement belle. Plusieurs garçons du village vous reluquaient du coin de l'œil. À cette époque, j'étais moi-même très amoureux de vous et j'espérais que vous grandiriez très vite, afin que je puisse vous faire la cour.

Cette révélation, audacieuse pour un homme marié, fait frissonner Marie-Ange. Elle se sent terriblement embarrassée devant la belle assurance du médecin.

– Attendez que je me souvienne... C'était en 1924. Quel âge avez-vous, Marie-Ange?

– Euh!... Trente-neuf ans, répond-elle dans une exclamation de surprise.

– Vraiment?

– Oui! s'exclame-t-elle en riant, soudainement amusée par cette conversation. Puisque je vous le dis.

– Ça alors! Vous aviez donc dix-huit ans à cette époque! Moi qui vous croyais beaucoup plus jeune! Et ce vieux filou de Joseph avait presque trente ans lorsqu'il vous a épousée, n'est-ce pas?

– Oui, répond-elle, mais en baissant les yeux cette fois.

Il suffit que quelqu'un fasse allusion à son mariage pour que son humeur s'assombrisse d'un seul coup, constate-t-elle.

– Ce que j'ai pu être bête! Joseph Gagnon s'est donc rapidement empressé de vous faire la cour. Heureux homme! ponctue-t-il en s'esclaffant.

– Vous me faites rougir, docteur Hudon!

– David! la coupe-t-il à nouveau.

– David, parvient-elle à dire, du bout des lèvres.

David lui adresse alors un sourire qui lui fait l'effet d'une caresse. Elle se rappelle que cet homme est celui qui avait fait battre son cœur durant sa jeunesse. Comme elle aimerait être à la place de Marie-Louise!

– Cette conversation m'a fait du bien, laisse-t-elle tomber, un sourire radieux accroché à ses lèvres pleines.

– J'en suis très heureux. Mais... il y a tout de même quelque chose qui me chagrine beaucoup.

– Quoi donc?

– Eh bien! Vous n'ignorez pas que j'ai une triste nouvelle à apprendre à Philippe, fait remarquer le médecin pendant qu'il se lave soigneusement les mains.

Marie-Ange ne peut détacher son regard de ces belles mains longues et viriles. À l'index, un anneau de mariage semble vouloir la narguer. Une pensée saugrenue autant qu'inavouable vient alors lui effleurer l'esprit, ce qui la plonge dans l'embarras. Elle détourne la tête et se perd dans ses réflexions. Elle se juge sévèrement.

– Qu'allons-nous faire? interroge David.

S'obligeant à se composer un visage serein, Marie-Ange répond:

– Mon gendre est très sensible, David. Je vous demande de me laisser le soin de lui apprendre moi-même la triste nouvelle.

– Comme vous voudrez, Marie-Ange.

– Merci! fait-elle en soupirant, priant pour que tout se passe bien.

CHAPITRE 4

Notre-Dame-du-Portage, le 12 mai 1945

C'est l'heure du souper, et David Hudon est rentré chez lui pour manger un morceau. Marie-Ange a insisté pour lui offrir le repas du soir, mais le médecin a refusé, expliquant qu'il devait faire un saut chez une patiente atteinte de pneumonie avant de passer chez lui pour se rafraîchir et se reposer un peu. Il avait promis de revenir dans le courant de la soirée pour vérifier par lui-même l'état de santé de Corinne.

Demeurée seule à la maison, Marie-Ange s'inquiète pour Philippe. Son gendre n'a donné aucun signe de vie depuis la césarienne de Corinne. Il ne sait donc pas l'heureuse tournure qu'ont pris les événements. Cette attitude de fuite déplaît à Marie-Ange, qui souhaite que Philippe ne soit pas aussi indifférent et irresponsable que son beau-père ne l'est. Ses appréhensions s'estompent d'elles-mêmes, lorsqu'elle entend soudain le galop d'un cheval qui s'engage dans l'allée.

– Enfin! s'écrie-t-elle, profondément soulagée, en même temps qu'honteuse d'avoir pensé du mal de son gendre.

Quelques minutes plus tard, Philippe fait son entrée dans la maison. Marie-Ange accourt vers lui en l'interrogeant:

– Mon Dieu, Philippe! Mais d'où sortez-vous donc? Cela fait des heures que je m'inquiète pour vous!

Le regard du jeune homme est complètement désemparé, et ses yeux, d'un beau vert soutenu en temps ordinaire, sont rougis par le chagrin. Il n'est pas difficile d'imaginer de quelle façon il a passé le temps.

– Pardonnez-moi, madame Gagnon! commence-t-il d'une voix oppressée, je ne pouvais pas rester ici une minute de plus. Je suis allé au bord du fleuve pour prier. J'ai cru être plus utile de cette façon.

Marie-Ange le scrute du regard pendant quelques secondes. Elle comprend l'état d'agitation dans lequel se trouve ce garçon. Voulant mettre fin à cette anxiété insupportable, elle annonce avec fierté:

– Vous avez bien fait, Philippe, car vos prières ont été exaucées. Vous venez de nous offrir le plus beau des cadeaux... Le front de Philippe se fronce de petites rides interrogatives.

– Vous êtes l'heureux père d'une très jolie petite fille de neuf livres et demie, Philippe.

Cette nouvelle fait blêmir Philippe. Qu'était-il arrivé à Corinne? Les mots se bousculent sur ses lèvres.

– Mais... Corinne. Comment va Corinne?

– Elle va très bien, reprend Marie-Ange. Ne vous inquiétez de rien. Elle dort paisiblement en ce moment. Elle est épuisée, certes, mais elle va se remettre très vite. La vie va reprendre son cours normal, Philippe. Vous verrez!

Pour la première fois depuis des heures, un sourire vient illuminer le visage de Philippe. Un sentiment de réconfort et de joie profonde surgit en lui alors qu'une larme, qu'il essuie rapidement, vient trahir ses émotions. Cette nouvelle lui procure une telle paix qu'il se met à rire doucement.

– Tout va bien alors? amorce-t-il, sans trop oser y croire.

– Oui..., tout va très bien, répond lentement Marie-Ange, en lui ouvrant les bras.

Ces heures avaient été des plus pénibles pour eux, et ils ressentaient, l'un comme l'autre, le besoin urgent de s'abandonner pour obtenir un peu de réconfort et de chaleur humaine.

– J'ai eu si peur..., reprend Philippe dans un souffle.

– Moi aussi, avoue Marie-Ange. Mais c'est fini maintenant, et nous pouvons nous réjouir de cette merveilleuse nouvelle.

– Dieu a entendu ma prière... J'ai du mal à le croire!

Marie-Ange sourit tandis que son gendre lève les yeux au ciel, sans doute pour adresser à Dieu une prière d'action de grâce.

– Vous savez sans doute, madame Gagnon, que mon père s'est marié à trois reprises. Ses... deux premières épouses... sont décédées à la suite d'un accouchement.

Philippe se tait quelques secondes, comme pour prendre possession de ses émotions, puis il reprend d'une voix méditative:

– Et ma mère est morte quelques heures seulement après ma naissance. Je suis le seul enfant à être né du premier lit... Ce sont mes tantes qui m'ont élevé. On m'a raconté que pendant plus de deux ans, mon père n'était que l'ombre de lui-même. Il aimait profondément sa première femme. À l'époque, son mariage avait fait scandale dans le village parce qu'il avait épousé sa cousine... Mais vous connaissez sans doute toute cette histoire?

– Oui, je suis au courant, Philippe. La réaction des gens est parfois cruelle. D'autant plus que le mariage chrétien entre cousins est permis par notre Sainte Mère l'Église.

– Il paraît que je pesais plus de dix livres, poursuit Philippe. Ma mère était toute menue... alors que mon père était presque considéré comme un géant dans la paroisse. Imaginez... une si petite femme donnant naissance à un monstre comme moi... Alors... quand j'ai compris que Corinne éprouvait des difficultés à donner naissance à notre enfant, j'ai eu vraiment... très peur.

– Je comprends, murmure Marie-Ange sur un ton compatissant. Mais ce qui est arrivé à votre mère n'est pas de votre faute, Philippe. Il faut vous en convaincre.

– C'est ce que j'essaie de me dire depuis que je suis tout petit, mais j'avoue que c'est sans grande conviction parfois.

– Oubliez tout cela, Philippe, et allons voir Corinne. C'est une belle journée aujourd'hui. Il ne faudrait pas la gâcher avec des réflexions mélancoliques.

– Vous avez raison, belle-maman! approuve Philippe qui se sent tout à coup revivre.

En silence, ils se rendent dans la chambre de Corinne. Celle-ci dort paisiblement. Philippe se penche sur elle et embrasse délicatement ses lèvres en caressant sa longue chevelure soyeuse. D'une voix tendre, il murmure:

– Je t'aime, chérie!

Au même instant, Marie-Ange retire du berceau un poupon endormi et tout potelé. Le petit corps recroquevillé sur lui-même respire la confiance et l'abandon. La peau est d'un beau rose tendre, et un fin duvet de cheveux bruns apparaît sur le petit crâne rougi. Marie-Ange se laisse aller à aimer cette enfant. N'est-elle pas, après tout, le fruit de l'amour? Heureuse de vivre ces instants d'émerveillement privilégiés, Marie-Ange appelle son gendre à voix basse.

Philippe quitte le chevet de sa femme pour s'approcher de sa belle-mère. Il regarde longuement cette petite chose qui lui semble tellement fragile, tout en tentant d'analyser ses émotions. Il ne peut que ressentir un certain malaise vis-à-vis de cette créature qui lui paraît bien étrange.

– Elle est mignonne, n'est-ce pas Philippe? demande Marie-Ange qui, tout à sa joie du moment, en oublie ce qui se passe dans le cœur de son gendre.

À vrai dire, Philippe ne sait trop que penser. Il n'éprouve rien pour cette enfant. Se faisant violence contre ce sentiment d'indifférence qui l'envahit lentement, il se dit que ce bébé représente pourtant un morceau de lui-même, et qu'il se doit de l'aimer. Mais cela soulève tellement de contradictions en lui. Cette enfant a reçu de Dieu le don de la vie, mais, en même temps, elle incarne le mal.

– Oui! Enfin..., je crois qu'elle est mignonne, finit-il par répondre.

– Croyez-moi, Philippe! J'ai vu beaucoup de nourrissons dans ma vie et je peux vous assurer que cette petite fille sera très belle, s'enflamme Marie-Ange, qui veut convaincre son gendre qu'elle a raison.

Philippe se contente de sourire devant la fierté évidente que manifeste sa belle-mère.

– Venez maintenant! lance Marie-Ange. Je vais vous servir une bonne soupe aux légumes. Je suis certaine que vous n'avez rien avalé aujourd'hui.

– C'est vrai! De toute façon, poursuit-il, songeur, j'en aurais été bien incapable.

– Alors venez!

Ils retournent à la cuisine presque sur la pointe des pieds, car ils ne veulent pas réveiller Corinne qui doit refaire ses forces. Au grand contentement de Philippe, Marie-Ange dépose un grand bol de soupe chaude devant lui. Il salive juste à penser à l'onctueux mélange qui le ravigotera à coup sûr.

Marie-Ange s'assoit à ses côtés pour partager son enthousiasme. Peu à peu, Philippe se détend, tandis que Marie-Ange se prend à envier sa fille. Son gendre est réellement un très bel homme. Il a une chevelure foncée qui donne envie de la caresser. Ses larges épaules suggèrent une sécurité tranquille où il doit faire bon se réfugier. Son pantalon lui moule agréablement les hanches et les fesses, et sa chemise à carreaux dessine son torse musclé. Quant à son regard vert, il est animé d'une expression de loyauté et de tendresse qui fait chavirer son cœur de femme mûre. Décidément, Corinne peut se vanter d'être une femme comblée sur tous les points.

Dès que son gendre a terminé son repas, Marie-Ange sent que la minute de vérité a sonné. S'armant de courage, elle amorce prudemment:

– Philippe, je dois vous annoncer une triste nouvelle qui vous concerne, vous et Corinne...

– Qu'y a-t-il? M'auriez-vous caché quelque chose d'important, madame Gagnon?

– Eh bien... oui, Philippe. L'accouchement de Corinne a été plus que difficile, vous le savez déjà, ça?

Philippe fait un signe affirmatif de la tête, ce qui pousse Marie-Ange à poursuivre.

– Le bébé était beaucoup trop gros et, de plus, comme vous le savez, il se présentait très mal. Nous avons réussi à leur sauver la vie à toutes les deux..., mais...

– Ça veut dire quoi, en clair? la presse Philippe, sur un ton devenu impatient.

– Corinne ne pourra plus avoir d'enfant, Philippe, dit-elle, d'une voix soudain très basse.

Philippe est tellement abasourdi qu'il en perd l'usage de la parole. Sous le choc de cette révélation, il blêmit, puis il se lève brusquement de sa chaise, déployant son long corps dans une réaction inquiétante. Son regard devient gris glacial. Son cerveau refuse cette horrible nouvelle. Un froid terrible se répand en lui et le pousse à s'écrier:

– Quoi?

La rudesse du ton de son gendre serre le cœur de Marie-Ange. Elle ne peut qu'ajouter:

– Ce n'est pas si grave, Philippe...

– Quoi? Vous dites que ce n'est pas grave? Savez-vous à quelle époque nous vivons, madame Gagnon? Les évêques du Québec ne cessent de prêcher en faveur des familles nombreuses. Depuis la fin de la guerre, on craint le chômage des années 30. Les femmes doivent maintenant retourner à leurs tâches domestiques pour repeupler le pays...

Les mots lui manquent, mais il poursuit tout de même:

– Et vous... vous dites que ce n'est pas grave? Que fera Corinne avec un seul enfant? Et que penseront les gens de Notre-Dame-du-Portage? Je serai la risée de tous!

Ce discours pétrifie Marie-Ange. Elle découvre chez son gendre une facette qu'elle n'aime pas du tout.

— Vous exagérez tout, Philippe! Assoyez-vous, nous allons en discuter.

— Il n'y a rien à ajouter, réplique-t-il. Dieu a parlé!

— Voyons, Philippe..., ne le prenez pas aussi mal. Vous n'êtes pas le premier couple à qui cela arrive!

— Ne m'en voulez pas, Marie-Ange, mais je crois que j'ai besoin d'air pur. Bonsoir!

Sans un regard pour sa belle-mère, Philippe sort de la maison en claquant la porte derrière lui.

* * *

Telle une âme en peine, Philippe amorce une chevauchée à toute allure, sans accorder une seule minute de répit à sa jument. Lorsque, enfin, il s'arrête, il s'aperçoit qu'il vient de maltraiter cette pauvre bête. Un peu calmé, il lui parle doucement et lui permet de se reposer. Puis il repart en direction du village, mais il s'arrête devant le magasin général, le froid ayant eu raison de sa résistance physique.

La colère tapisse son cœur. Il rumine une rage intérieure contre le châtiment de Dieu. Tel un bourreau, Celui-ci a prononcé sa sentence irrévocable. La stérilité de sa femme sera désormais le prix à payer pour leur péché scandaleux.

Alphonse Tardif, le fils du marchand général, est le seul ami que Philippe possède au village.

C'est un joyeux luron qui prend la vie avec légèreté. Philippe éprouve un besoin pressant de le voir. Son plan est tout tracé. Une bonne cuite soulagera sans aucun doute sa peine. C'est du moins ce qu'il espère.

Avec des gestes froids et calculés, le jeune homme attache son cheval à la clôture du magasin et, d'un pas pressé, il pénètre à l'intérieur de la bâtisse. Pour rien au monde, il ne doit laisser voir son chagrin. Il se doit d'être fort. Les habitants du village auront bien le temps d'apprendre la nouvelle de leur stérilité, ce qui le couvrira de honte.

– Bonjour, monsieur Tardif! s'écrie-t-il sur un ton qu'il souhaite enjoué.

Le meilleur remède contre le trouble et le chagrin réside encore dans l'art de ne rien laisser paraître de ses sentiments. C'est ce que son père lui a toujours enseigné. C'est ainsi que l'on reconnaît les hommes, les vrais, avait toujours affirmé Onésime Beaulieu.

– Salut mon gars! Comment vas-tu? s'informe Gérard Tardif, le père d'Alphonse.

– Très bien, monsieur Tardif! Alphonse est-il ici?

Le vieil homme répond par un signe de tête affirmatif tout en se tournant vers le rideau qui sépare le magasin des appartements de la famille. D'une voix forte, il crie:

– Phonse! Philippe est ici!

– J'arrive! répond Alphonse en faisant son apparition dans le magasin.

Il se dirige droit sur Philippe et lui administre une tape retentissante sur l'épaule, pour ensuite le secouer de ses deux mains à la poigne solide en s'écriant:

– Salut vieille branche! Comment vas-tu? C'est vrai, ces rumeurs, que ta femme vient d'accoucher?

– Eh oui! répond Philippe sur un ton enjoué, je suis papa!

– Félicitations, mon garçon! s'écrie le père d'Alphonse qui n'a pas perdu un seul mot de la conversation. Fille ou garçon?

– Une belle fille! dit Philippe en affichant un air de fierté incontestable.

– Une fille, hein? C'est pas utile ben ben sur une terre, ça, mon garçon! Mais de toute façon, Corinne et toi, vous aurez suffisamment de temps pour vous reprendre et mettre au monde de vigoureux garçons. Vous êtes si jeunes! veut le rassurer le père d'Alphonse.

– Ouais! se contente de répondre Philippe, en baissant honteusement les yeux.

Un tourment, encore plus insinueux que l'effroyable nouvelle de la stérilité de Corinne, surgit dans le cœur de Philippe. Il n'avait pas songé qu'il n'aurait pas de fils à qui léguer la terre ancestrale des Beaulieu et des Gagnon, le cas échéant. Cette réflexion vient renforcer son humeur déjà très sombre.

– Une pareille nouvelle, ça s'arrose, n'est-ce pas, Philippe? s'exclame alors Alphonse, sans se soucier du trouble de son compagnon.

– Ouais...! je crois que ça s'arrose! répond Philippe en détournant le regard.

– Ne rentre pas trop tard, Phonse! lui recommande aussitôt son père. Tu as beaucoup de livraisons à faire demain matin. Les clients n'aiment pas attendre, ne l'oublie pas!

– Ne t'inquiète pas, père! Philippe et moi, nous fêterons cet événement et nous rentrerons tôt, n'est-ce pas, Philippe?

– Bien sûr, Phonse!

– Au revoir, père!

– Salut les gars! Ne vous défoncez pas trop!

Encerclant les épaules de Philippe dans un geste amical, Alphonse guide son ami vers la sortie.

* * *

David Hudon examine à nouveau Corinne et la rassure sur son sort en lui disant:

– Tu vas étonnamment bien, étant donné les circonstances. Tu ne fais même pas de fièvre. Tu sais, Corinne, ta mère et moi, avec l'aide de Dieu évidemment, avons accompli un vrai miracle aujourd'hui. Il faut dire que tu possèdes une vitalité extraordinaire!

– Merci beaucoup, docteur Hudon! Je vous en serai éternellement reconnaissante.

– Je suis là pour ça, réplique le médecin en souriant gentiment. Remercie plutôt le ciel de vous avoir sauvées toutes les deux. C'est un merveilleux présage. Dors à présent! Plus tu te reposeras, et plus vite tu pourras te lever de ce lit.

– Je vous le promets. Encore merci, docteur Hudon!

– Bonsoir, Corinne!

– Bonsoir, docteur!

En sortant de la chambre, David croise le regard de Marie-Ange. Y lisant une interrogation muette, il juge bon d'y répondre immédiatement.

– Votre fille va très bien! dit-il en souriant, pour la rassurer.

– Tant mieux! Accepteriez-vous de boire une tasse de thé en ma compagnie, docteur? s'informe un peu trop spontanément Marie-Ange, surprise de sa propre audace.

– Ce sera pour moi un réel plaisir, affirme David. Cela me fera le plus grand bien après cette rude journée.

Ils se déplacent vers la cuisine où Marie-Ange s'empresse de verser la boisson offerte. Elle lui en tend une tasse en baissant les yeux, soudainement gênée par la proximité de cet homme.

– Corinne a réclamé la présence de Philippe. Savez-vous où il se trouve à cette heure? s'informe le médecin sur un ton paternel.

– Je n'en ai pas la moindre idée, répond Marie-Ange sur une note méditative qui camoufle légèrement sa contrariété. Il est sorti en claquant la porte lorsque je lui ai annoncé que Corinne ne pourrait plus avoir d'enfant. Je crois qu'il n'a pas accepté cette affreuse nouvelle...

– Hum...! Il doit être à l'auberge en train de se saouler avec Alphonse! C'est un joyeux luron, celui-là! réplique David, le nez dans sa tasse de thé, souhaitant dédramatiser la situation.

– C'est ce que j'ai pensé, se contente de répondre Marie-Ange, dont la déception est visible.

– Quoi qu'il en soit, je vous promets que demain matin, j'aurai une bonne conversation d'homme à homme avec lui, l'assure David. Je crois que cela s'impose et j'espère pour vous tous que tout rentrera rapidement dans l'ordre.

– Je me demande pourquoi Philippe réagit ainsi. Les hommes sont si vindicatifs parfois!

Cette réflexion a jailli de l'esprit de Marie-Ange sans qu'elle puisse en analyser les conséquences.

– Il se sent probablement responsable de ce qui arrive à Corinne, explique le médecin sur un ton légèrement amusé en voyant l'air frustré de Marie-Ange.

– Ô pardon! s'excuse cette dernière. Je réalise que je me laisse emporter un peu trop rapidement par mes émotions... Mais cela ne m'empêche pas de penser que sa place est auprès de sa femme en ce moment. Elle a besoin de lui.

– Je vous trouve bien amère, Marie-Ange! Quelles sont donc vos préoccupations actuellement?

Marie-Ange soupire et son regard s'accroche à celui du médecin. Elle le dévisage quelques instants avant de répondre:

– J'avoue avoir quelques préjugés vis-à-vis des hommes. Mais, voyez-vous..., je suis souvent déçue par le comportement irresponsable de certains d'entre eux. Ils sont supposés représenter le sexe fort, mais je me pose bien des questions à ce sujet, ajoute-t-elle à voix basse, soudainement gênée de laisser échapper de tels propos en présence de cet homme qui, après tout, n'est qu'un inconnu pour elle.

– Vous m'en direz tant! ponctue le médecin, franchement surpris par cette réplique peu flatteuse pour les membres de son sexe.

Marie-Ange se dit qu'elle ne manque pas de culot d'avancer des opinions aussi gratuites envers la gent masculine.

– Racontez-moi ce qui vous rend si triste, demande le médecin sur le ton de la confidence.

– Vous n'êtes pas sérieux! Ce serait mortellement ennuyeux. Et puis, un homme tel que vous doit avoir fort à faire. Je m'en voudrais de vous retenir pour vous faire part de mes déboires sentimentaux.

– Allez, ne vous faites pas prier, Marie-Ange, la presse David en la regardant d'un air engageant.

Elle le fixe longuement, hésite quelques secondes, puis, sans chercher à analyser ce besoin pressant qu'elle éprouve à se livrer tout entière, elle laisse échapper de sa bouche un flot de paroles qui la décrivent sans pudeur et la vident de toutes ses émotions. Elle se surprend à lui narrer en détail sa condition ennuyeuse de femme mariée à un homme comme Joseph Gagnon. Évidemment, cela libère en elle un torrent d'émotions qui la bouleversent. Sa surprise croît à mesure que son récit avance. Mais elle poursuit son monologue malgré tout, en proie à un chagrin qu'elle n'a plus le pouvoir de retenir tant les blessures subies sont nombreuses. Elles ont laissé bien des cicatrices dans son âme esseulée. Et voilà que cet homme, qu'elle connaît à peine, l'écoute sans oser l'interrompre et sans même la juger.

Elle n'a pas conscience du temps qui s'écoule. Jamais elle n'a parlé autant. À son grand étonnement, elle va même jusqu'à aborder le sujet de sa vie sexuelle avec Joseph. En guise de conclusion, elle fait observer:

– En somme, cet homme ne m'a jamais fait l'amour, docteur. Il ne connaît même pas la signification de ce mot... Non, Joseph me possède, me viole..., mais jamais il ne me fait l'amour. Et le pire dans tout cela..., ajoute-t-elle en hoquetant, c'est que je ne sais pas si j'ai le droit de le repousser sans engendrer la colère de Dieu sur moi.

Sa voix s'éteint dans un sanglot. De honte, elle cache son visage dans ses mains et pleure amèrement.

David Hudon vient à sa rencontre. Sans dire un mot, il oblige la femme du docteur Gagnon à se lever et l'attire contre lui. Il la serre dans ses bras afin d'atténuer l'amère déception qui découle de ce mariage raté.

– Je comprends ce que vous ressentez, dit-il simplement.

– J'ai si honte de moi! se reprend-elle, en se libérant de son étreinte. Pourquoi est-ce que je vous ai raconté tout cela?

– Simplement parce que vous en aviez besoin, Marie-Ange, répond le médecin sur un ton très doux. J'étais là au bon moment, voilà tout. Vous avez eu confiance en moi; c'est merveilleux de pouvoir se confier à quelqu'un. Allez, rassurez-vous! Ce que vous m'avez confié restera entre nous.

Ce qu'il dit est la vérité. Sans comprendre les raisons qui la font réagir ainsi, Marie-Ange éprouve une confiance aveugle envers cet homme si compatissant. Elle demande:

– Pourquoi les hommes sont-ils si durs envers les femmes?

– Je ne sais pas. C'est ce qu'ils ont appris depuis qu'ils sont tout petits, je crois.

– Oh David! Je ne sais pas ce qui se passe en moi. Je me sens comme une délinquante..., une enfant rebelle qui désire se venger de son mari. Je m'en veux tellement d'être ce que je suis devenue!

– Voyons, Marie-Ange! Il est normal, après les souffrances et les humiliations que vous avez accumulées depuis tant d'années, que cette personne que vous êtes, et que vous prétendez rebelle, se réveille et se révolte contre ce qu'on lui a fait subir.

– Je crois que je suis fatiguée de lutter pour prouver à cet homme que j'occupe une place importante dans son existence.

Marie-Ange pose un regard abattu sur le médecin, puis elle détourne les yeux en disant:

– Je suis désolée, David, pour cette scène grotesque. Qu'allez-vous penser de moi à présent?

– Ce que je pense de vous n'a guère d'importance, Marie-Ange. C'est ce que vous, vous pensez de vous qui est important.

– Vous êtes un homme très sage, docteur! constate Marie-Ange, surprise par la finesse d'esprit de cet homme. Votre épouse est une femme comblée, ose-t-elle ajouter timidement.

– Ne croyez pas cela, sourit David. Je ne suis qu'un pauvre homme, de la même trempe que tous les autres. Mais ce que vous m'avez révélé me force à réfléchir. Je pense qu'il est aussi épuisant pour un homme de lutter contre l'affectivité que pour vous, les femmes, de la freiner. Cela provient de notre sacro-sainte éducation.

– C'est vrai. J'oublie facilement cette réalité.

Tous deux se perdent dans leurs réflexions, leurs sentiments semblant partir à la dérive. Le médecin revient le premier à la réalité.

– Serez-vous ici pour longtemps? s'informe-t-il.

– Pour un mois environ.

– Nous aurons donc la chance d'en discuter de nouveau, car ce fut un réel plaisir pour moi que de parler de ces choses avec vous, Marie-Ange. Croyez-le bien!

Marie-Ange sourit. Elle a trouvé un ami, et cette pensée la réconforte au plus haut point.

– Marie-Louise et moi étions de bonnes amies dans notre enfance, le saviez-vous?

– Oui, ma femme m'a rappelé votre amitié pendant le souper. Que diriez-vous de venir nous rendre visite lorsque Corinne ira mieux?

– J'en serais enchantée, docteur!

Comme s'il avait senti que la discussion avait pris fin, Philippe pénètre bruyamment dans la maison en titubant. Après avoir fait quelques pas dans la cuisine, il s'écroule comme une masse sur le plancher de bois.

– Mon Dieu! s'écrie Marie-Ange. Il est complètement ivre!

– Laissez! Je m'en occupe, propose David, à présent revenu de sa surprise.

Il soulève le jeune homme et s'adresse à lui en ces termes:

– Voyons, mon garçon..., aidez-vous!

– Je ne suis pas un mauvais gars..., docteur, marmonne Philippe d'une voix altérée par l'alcool.

– Venez, je vais vous aider à vous étendre, et nous en discuterons demain matin, répond David Hudon en faisant des efforts considérables pour maintenir le jeune homme debout.

– Où dois-je le porter? s'informe-t-il à l'intention de Marie-Ange.

– Dans la chambre du haut! Suivez-moi!

– Bien!

Réunissant leurs forces, ils transportent Philippe jusqu'à une pièce peinte en jaune très clair et située tout en haut de la maison. Après l'avoir étendu sur le lit, le médecin lui retire ses vêtements et l'enveloppe de couvertures sentant bon la lavande. Après avoir fait signe à Marie-Ange de sortir, il revient près du jeune homme.

– Eh bonhomme! l'appelle-t-il d'une voix ferme en le secouant vigoureusement, afin de lui permettre de retrouver un peu ses esprits.

– J'ai détruit la vie de Corinne, balbutie Philippe pour toute réponse. Son père a raison..., je ne suis qu'un bon à rien...

– Mais non, Philippe! sourit malgré lui le médecin. Tu vas dormir, et nous en reparlerons lorsque tu seras mieux disposé.

– Je suis un incapable..., l'entend-il marmonner.

– Dors, Philippe!

David sort de la chambre. Marie-Ange l'attend dans la cuisine. Elle l'interroge du regard.

– Il va très certainement dormir longtemps. Je discuterai avec lui demain matin lorsque je rendrai visite à Corinne. Bonne nuit Marie-Ange!

– Bonne nuit David! Et... merci pour tout!

– Je suis ravi d'avoir passé de si précieux instants auprès de vous, rétorque-t-il en adressant à Marie-Ange un dernier sourire complice que celle-ci trouve tout à fait exquis. Puis il s'engouffre dans sa voiture. Demeurée seule, Marie-Ange jongle avec ses pensées.

CHAPITRE 5

Notre Dame-du-Portage, le 20 septembre 1948

Trois années se sont écoulées depuis que Caroline a vu le jour. Sans que Corinne comprenne rien à son destin, un silence lourd s'est installé dans son couple depuis la naissance de cette enfant. Ses épaules sont voûtées par la lassitude. Elle doit se l'avouer: Philippe la fuit. Il évite également sa fille, ne lui accordant que très peu d'attention. Même leurs ébats amoureux se transforment, s'espaçant de plus en plus, à son grand désespoir. Son mari semble rongé par quelque remords qu'il refuse obstinément de lui dévoiler.

– Non! Non et non! avait-il hurlé après l'avoir repoussée hors du lit avec force un certain aprèsmidi du mois d'août.

Sous le regard ahuri de Corinne, Philippe s'était alors levé pour se rhabiller en toute hâte. On aurait dit qu'une rage folle grondait en lui. Incapable de se maîtriser, il l'avait saisie aux épaules et l'avait secouée comme s'il s'était agi d'une poupée de chiffon, pour ensuite la rejeter sur le lit. Elle en avait pleuré de surprise. Philippe semblait déchaîné. Désemparée, Corinne avait poussé un cri de terreur:

– Arrête, Philippe!

– Espèce de salope! Ne recommence plus jamais ça! Tu m'entends, Corinne?

Totalement impuissante à prononcer la moindre parole, Corinne restait figée sur place, ne songeant même pas à se défendre contre cette violence subite. Elle ne le reconnaît tout simplement plus.

«Mon Dieu! Qu'ai-je fait de si terrible?» se demandait-elle. Ses gestes avaient été posés pour un bon motif: celui de faire plaisir à son époux et de redonner un peu de piquant à leur vie sexuelle. Pourquoi cette colère? Elle n'y comprenait strictement rien.

– Je suis plus que sérieux, Corinne! s'était à nouveau écrié Philippe, d'une voix pleine de rage contenue, alors qu'elle-même tremblait de tous les membres de son corps. Je refuse catégoriquement que tu me manipules de la sorte. Je ne veux plus jamais que tu me fasses des scènes de séduction comme celle que tu viens de me jouer.

Philippe était tellement scandalisé qu'il avait dû inspirer à maintes reprises afin de calmer son agitation. Puis il avait, – encore une fois – essayé de la saisir, mais elle lui avait filé entre les mains en se réfugiant de l'autre côté du lit.

Irrité, il avait haussé les épaules, puis il s'était un peu adouci. Sans doute avait-il pris conscience de la terreur qu'il inspirait à sa femme.

– Allons... sors de là! lui avait-il dit d'une voix bourrue.

Encore tout étourdie par cette scène, Corinne avait hésité.

– Promets que tu ne lèveras plus la main sur moi, avait-elle supplié, les larmes aux yeux.

Pour toute réponse, Philippe avait eu un hochement de tête silencieux. Alors, elle avait obéi, s'assoyant prudemment sur le bout du lit tout en essuyant les larmes qui coulaient sur ses joues fiévreuses.

– Dorénavant, c'est moi qui dirigerai nos... attouchements sexuels, lança-t-il. Je ne veux plus jamais entendre parler de... de... ces cochonneries que tu désires me voir faire! avait-il repris sur un ton dédaigneux. Est-ce que tu m'as bien compris, Corinne?

– Mais Philippe!... avait-elle risqué dans l'incompréhension la plus totale. Je ne voulais que...

– Je ne veux plus en entendre parler! l'avait-il coupée sur le ton d'un général d'armée. C'est dégoûtant! Écœurant! Tu te comportes comme... la pire des traînées! Et je refuse que ma femme soit une traînée!

Après ce discours de rage et de rébellion, Philippe avait quitté la maison en claquant la porte. Corinne se souvient encore des longues heures qu'elle avait passées à pleurer dans le désarroi le plus total.

* * *

Depuis plus d'un mois, Philippe refuse de toucher Corinne. Il prétend que c'est la seule solution pour réussir à mettre un peu de plomb dans la petite tête de son écervelée de femme. Il est sûr qu'il doit parvenir à tout prix à tempérer ses ardeurs de chatte en chaleur, sinon ils seront tous deux voués au feu de l'enfer.

Bien que, la nuit, leurs corps se frôlent à un souffle de distance et que son appétit sexuel l'empêche parfois de dormir, Philippe pense qu'il est de son devoir d'époux de maintenir fermement ses positions. Le châtiment de Dieu est suffisamment sévère pour eux comme cela sans ajouter au surplus le péché de la chair. Ce péché contre lequel le bon curé Sirois les met continuellement en garde.

Ce soir, alors qu'il boit démesurément pour oublier qu'il a des désirs d'homme, il décide de se confier à Alphonse. Mais, à cause de sa grande timidité, il a du mal à parler de ces choses intimes, et Alphonse profite de sa maladresse pour s'amuser à ses dépens. Ce qui l'irrite au plus haut point.

— Mon vieux, commence Alphonse, en fin connaisseur, il est grand temps que tu montres à Corinne qui porte les culottes à la maison!

Agacé, Philippe réprime son humiliation. Profondément blessé dans son orgueil, il se dresse sur sa chaise et scrute son compagnon. Dans son regard, on peut lire une pointe d'arrogance.

— Qu'est-ce que tu ferais à ma place, toi, Alphonse Tardif? tonne-t-il sur un ton hargneux.

Alphonse éclate de rire et répond:

– C'est pourtant simple, mon vieux... Administre-lui une raclée qu'elle ne sera pas près d'oublier!

– Quoi? Moi? Battre Corinne? Ça jamais!

– C'est la seule solution! maintient Alphonse, en riant d'une façon déplaisante de la naïveté de son ami.

Philippe fait un signe de dénégation de la tête et se retranche derrière son cinquième verre de gin de la soirée. Il regrette d'avoir amorcé cette discussion délicate.

– Bougre de saint Bougre! Mais d'où sors-tu, Philippe Beaulieu? Ton père nc t'a rien enseigné à ce sujet?

Offusqué, Philippe laisse éclater sa colère en répliquant:

– Mon père n'a jamais eu à battre ses épouses pour se faire respecter d'elles! Et je prétends faire aussi bien que lui, figure-toi!

– Eh bien, vous avez tort tous les deux! affirme Alphonse en faisant de l'humour noir.

Les yeux de Philippe s'agrandissent de stupeur. Un urgent besoin de se faire valoir le pousse à la confrontation.

– Mais... enfin, pourquoi es-tu si brusque avec ta femme? Elle n'est guère plus grosse qu'un pou et elle n'est certainement pas de taille à te tenir tête.

Piqué au vif, Alphonse arrête instantanément de ricaner. Du coup, il relève le menton pour laisser tomber:

– Ben, idiot! C'est pour être sûr qu'elle comprenne que c'est moi qui mène, c't'affaire! Après ça, tu peux me croire, elle fait très attention pour ne pas me déplaire!

Philippe commence à trouver cette conversation ridicule.

– Excuse-moi, mon vieux, mais je n'arrive pas à croire que ce que tu me racontes soit dans la normalité des choses!

– Peut-être pas pour toi, mais pour moi, ça marche. J'ai pas envie que mon couple ressemble au couple Dubé du deuxième rang! s'esclaffe-t-il à nouveau.

Bien que son corps s'engourdisse de plus en plus, à cause de la trop grande quantité d'alcool qu'il a ingurgité, cette réplique a le don de provoquer à son tour le rire de Philippe. L'image de la grosse Olivia Dubé, menant son homme par le bout du nez, lui revient en mémoire. Il songe que la corpulente dame doit bien faire deux fois le poids de son misérable Eustache. Pendant quelques instants, il s'imagine le pauvre homme accomplissant son devoir conjugal et il ne peut que s'amuser de ces images farfelues.

– Tu es complètement cinglé, Alphonse! fait remarquer Philippe.

– Pas tant que ça, Philippe. Réfléchis bien à cela.

– Ouais...

* * *

Trois semaines après cet incident, devant son insistance Philippe accepte d'accompagner Alphonse à Québec afin d'y effectuer les achats pour le magasin général.

Il embauche un homme qui s'occupera de la ferme pendant son absence et il quitte Notre-Dame-du-Portage, inflexible devant le désarroi de Corinne qui pleure son départ.

Corinne demeure donc seule avec ses sombres pensées. Sa peine devient insupportable. Elle se sent abandonnée, rejetée. Comment comprendre l'attitude de Philippe? Une fois de plus, elle ne peut que constater que les gestes irréfléchis qu'elle a posés lui ont fait perdre l'amour et l'estime de Philippe.

Étendue sur le lit, la tête complètement enfouie dans son oreiller pour étouffer ses gémissements de douleur, elle se dit que sa situation est dramatique. Par sa faute, à cause de sa légèreté impardonnable, elle n'arrive pas à sensibiliser son époux à sa peine. Où est passée l'époque où Philippe aurait fait n'importe quoi pour lui plaire? Que doit-elle faire pour sauver son couple? Et puis, elle a tant besoin de se sentir femme avec lui, alors qu'il ne la touche plus jamais.

Épuisée par ses pleurs, Corinne s'endort. Des rêves érotiques viennent peupler sa nuit de solitude. Les mains de Philippe, telles des traîtresses, caressent avidement son corps. La voix de l'épouse délaissée déchire la nuit alors qu'elle appelle inlassablement son amour perdu.

En sueur, elle se réveille en sursaut. Elle est perdue, elle le sait maintenant. Elle est véritablement possédée du démon. Elle prend conscience qu'on pourrait l'enfermer pour démence si la chose se savait. Surtout, ne rien dire à personne sur ce qui vient de se passer!

* * *

Loin de soupçonner la détresse de son épouse, Philippe s'amuse ferme à Québec. Les deux complices ont choisi un bar de la rue Saint-Jean pour se défoncer. Jamais à court de bouffonneries, Alphonse ne cesse de faire le pitre.

Philippe avale son quatrième verre de whisky, lequel descend goulûment le long de son œsophage. Il songe soudain à Corinne. En vérité, il doit admettre que cet éloignement du nid conjugal commence à le faire amollir dans ses positions. Plus les jours s'écoulent, plus l'abstinence qu'il s'est volontairement imposée lui pèse et plus il regrette de s'être laissé emporter par la colère.

Ce subit sentiment de culpabilité l'oblige à s'avouer que Corinne lui manque atrocement. Il comprend qu'il l'aime toujours autant. Il ne l'a pas serrée contre lui depuis plus d'un mois, mais sa proximité dans son lit commence à le faire fléchir. Il se sent pris à son propre piège.

– Eh Philippe? l'interpelle Alphonse, afin de le faire sortir de sa profonde méditation.

– Qu'est-ce que tu veux, Alphonse?

– Ou bien tu es déjà saoul..., ou bien tu rêves, mon vieux! constate Alphonse, devant l'air abattu de Philippe.

Philippe repousse son ami du coude et annonce d'une voix pâteuse:

– J'ai envie de... Enfin, tu sais ce que je veux dire.

L'alcool fait dangereusement son effet. Le voilà qui dit des âneries.

– Rien de plus facile, mon vieux! Figure-toi que je connais un petit endroit... où nous serons agréablement servis, lance Alphonse d'une voix traînante.

– Ô non, Alphonse! s'écrie un Philippe complètement scandalisé par les propositions peu catholiques de son compagnon.

– Allez, Philippe! Tu vas voir comme c'est agréable. Il y a des femmes là-bas avec des nichons gros comme ça! enchaîne Alphonse, utilisant ses deux mains, pour dessiner dans l'espace deux énormes seins. Un homme digne de ce nom a bien le droit de se payer ce petit luxe de temps en temps.

– Tu es fou, Alphonse! s'exclame Philippe en riant nerveusement.

– Mais non! Ces filles existent pour notre plaisir, Philippe. C'est comme ça qu'elles gagnent leur croûte. Tu leur rendras service si tu y vas... D'ailleurs, j'y vais aussi!

– Non, Alphonse! Je refuse catégoriquement de faire ça! J'ai déjà une femme. Je crois même que je vais rentrer dès cette nuit. Corinne sera plus que contente que je la colle un peu. Elle n'attend que ça, crois-moi!

– Viens, bonhomme! Allez..., ne te fais pas prier, tente de l'influencer Alphonse. Tu vas voir ce que c'est qu'une femme chaude et vicieuse, et si tu te montres généreux avec elle... elle te fera tout ce que tu désires...

– J'ai dit non, Alphonse! s'obstine Philippe d'une voix qui commence à faiblir dangereusement.

– Bougre de saint Bougre! Cesse de faire l'enfant et suis-moi! Tu verras que tu ne le regretteras pas, l'assure Alphonse, comprenant que la partie est déjà gagnée.

Mais, le lendemain, sitôt le jour levé, Philippe regrette déjà amèrement ce coup de folie. Sa conscience s'étant réveillée pendant l'accomplissement de cet acte dévalorisant, il n'a pu aller jusqu'au bout de sa diabolique aventure. Son sentiment de culpabilité a détruit son ardeur sexuelle et son corps a cessé de réagir, et ce, malgré l'excitation que lui procurait cette étrange situation.

Après s'être sévèrement jugé, il s'est promis que jamais plus il ne se laisserait séduire par les plans pernicieux d'Alphonse. Un profond dégoût de lui-même l'habitait tout entier, au point de lui faire rendre son petit déjeuner. Cet instant d'amer constat lui fait prendre la décision de rentrer chez lui. Il a un urgent besoin de voir un prêtre.

* * *

Le lendemain soir, Philippe est de retour à la maison. Corinne vient timidement à sa rencontre, n'osant l'envisager. Il la regarde longuement, cherchant à découvrir si elle a deviné son acte répréhensible de la veille. Un intense sentiment de culpabilité l'étouffe. Il ne sait comment agir avec sa femme.

Mais Corinne ne voit pas sa honte et elle se jette dans ses bras pour l'accueillir, en pleurant sa détresse. Sa naïveté le fait fondre de bonheur. Il est enfin chez lui, dans les bras rassurants de sa femme. Plus jamais il ne la quittera. Il est né pour le droit et la justice. Pour les petits bonheurs simples et tranquilles. Sa morale est inattaquable.

– Calme-toi, chéric! Jc suis là! Tu m'as tellement manqué... dit-il, ému malgré lui.

– Je t'aime, Philippe... J'ai cru mourir loin de toi...

– Viens, dit-il en lui prenant la main. Rentrons chez nous.

Philippe l'entraîne tout naturellement dans la chambre à coucher. Il soulève la robe de nuit de Corinne et la prend tout doucement cn l'cmbrassant avec passion. Cette fois, elle ne gémit pas, ne hurle pas. Il vient en elle sans qu'elle fasse le moindre geste pour attiser son plaisir. Corinne a baissé les bras. Elle se comporte maintenant comme une bonne mère et une bonne épouse.

Philippe se purifie et se nettoie en Corinne. Il se renouvelle, se recrée et se donne à nouveau bonne conscience. Demain matin, à la première heure, il se rendra au presbytère réclamer le pardon de Dieu. Ce repentir sincère effacera à tout jamais cette offense qui s'éteindra dans le secret de la confession.

CHAPITRE 6

Kamouraska, le 10 janvier 1950

Rose Gagnon porte l'honorable nom de madame Léopold Saindon depuis cinq ans. Mais comme cette alliance ressemble davantage à un arrangement entre politiciens arrivistes qu'à une union entre deux époux qui s'aiment, elle juge ces années comme les plus longues de toute son existence.

Pour sa part, Joseph Gagnon ressent une grande fierté à l'idée d'avoir convaincu l'intransigeant notaire Saindon que sa fille aînée représentait le meilleur parti de tout le comté de Kamouraska. D'autant plus qu'à cette époque florissante de l'après-guerre, alors que le modernisme s'installe peu à peu dans le pays et que de nombreux cultivateurs quittent la région pour aller s'installer dans les villes, les beaux partis se font de plus en plus rares dans la région. Bien que la politique ne l'intéresse guère, Rose a appris de la bouche des deux hommes que l'agriculture se trouvait en position défavorable et que la main-d'œuvre diminuait de façon marquante.

On racontait que la structure même de l'exploitation familiale traditionnelle était remise en cause. On prédisait que la population agricole chuterait brutalement durant cette décennie et que, pour survivre, les cultivateurs devraient moderniser leur équipement pour faire face à la concurrence et aux exigences gouvernementales.

Ô, bien sûr, Rose ne manque de rien! Ou plutôt elle donne l'impression de ne manquer de rien, puisqu'elle possède quatre jolies robes, trois jupes et quatre chemisiers. Tous ces vêtements, de grande qualité et cousus dans des tissus coûteux, ont été achetés à la maison D'Allaird de Québec.

Mais il ne s'agit là que d'une couverture qui ne vise qu'à éblouir l'entourage afin qu'on la distingue des autres femmes du village. Il faut voir les sous-vêtements usés jusqu'à la corde qu'elle porte sous ses toilettes. Elle a honte d'y penser, mais ce sont ceux-là mêmes qu'elle portait avant son mariage et qui ont grand besoin d'être renouvelés. Les élastiques sont éventés et les tissus se défraîchissent à vue d'œil, de sorte qu'elle risque d'être dénudée à chacun de ses mouvements.

Mais ça, comme le dit si bien Léopold, personne ne peut s'en douter!

La jeune femme étouffe un juron de frustration. L'ironie du sort veut qu'elle prenne du poids, surtout depuis ses deux dernières grossesses, ce qui la rend encore plus inconfortable dans ses accoutrements. Mais la grosse légume qu'est devenu son mari n'y prête aucune attention et maintient son refus de lui en procurer de nouveaux. Son prétexte est toujours le même: il doit préserver sa fortune pour faire instruire ses éventuels héritiers afin qu'ils embrassent des carrières nobles et respectables, dignes de leur nom. Et si Léopold ne se formalise pas outre mesure de la situation, qui donc pourrait s'inquiéter de ce que son épouse se sente mal à l'aise dans ses harnachements?

Rose baisse les épaules d'un air résigné. Le silence est de mise. De toute façon, elle n'a personne à qui se confier, et Léopold lui interdit toute lamentation. Amère et profondément déçue, elle subit sans rechigner ses pénibles conditions de vie. Elle n'aurait jamais imaginé que ce soit si difficile de devenir adulte.

Même si elle tient le coup, Rose ne peut s'empêcher d'être inquiète pour l'avenir; elle refoule une peur démesurée de devoir subir une nouvelle grossesse.

Pour oublier sa mélancolie, elle pose un regard sur Marie-Berthe. Assise sur ses genoux, l'enfant gazouille paisiblement en suçant son pouce, geste qui offusque considérablement Léopold et qu'il tente avec acharnement de lui faire passer.

La première grossesse de Rose a été catastrophique pour leur union, et ce drame la hante toujours. Elle se remémore la joie brève, mais intense, qu'elle a éprouvée à donner enfin naissance à un garçon. Mais cette joie s'est transformée en terreur lorsqu'elle a appris, quelques heures plus tard, que l'enfant était mort d'une malformation aux poumons.

On aurait dit que le mauvais sort s'acharnait contre les femmes de la famille. Très peu réussissaient en effet à concevoir des enfants mâles susceptibles d'enrichir la lignée familiale. Sa mère était de celles-là. De ses huit grossesses, seulement deux enfants, Corinne et elle-même, avaient survécu. Les six garçons à qui Marie-Ange avait donné naissance étaient décédés quelques heures à peine après leur entrée dans la vie. Son père lui a expliqué, sans grande conviction toutefois, que cela arrive à certaines femmes, sans qu'on comprenne vraiment pourquoi.

Rose soupire et s'accroche à l'idée que, peut-être, sa prochaine grossesse lui permettra d'offrir un fils à Léopold, ce qui apaiserait un peu sa colère et sa déception; du moins, c'est ce qu'elle espérait. Car, après le décès de son fils Victor, la cruauté de Léopold avait atteint des sommets inquiétants. Il l'avait sauvagement battue et lui avait crié en plein visage qu'elle était indigne d'être sa femme. Cette réaction démesurée de son époux la laisse encore démolie. Après la naissance de Marie-Berthe, il était revenu à la charge en disant: «La prochaine fois, t'as besoin de me faire un garçon! Tu m'as bien compris, Rose?»

Oh! que oui, elle avait compris! L'autorité de Léopold s'avérant de plus en plus difficile à contourner, sa seule porte de sortie consistait dorénavant à se soustraire, et le plus souvent possible, à son devoir d'épouse. Mais elle y arrivait rarement et était obligée d'obtempérer devant ses menaces. Que faire? Si seulement son père acceptait de l'instruire – sur la façon d'éviter une nouvelle grossesse –, cela contribuerait à son salut. Mais il refuse catégoriquement de le faire, alléguant qu'elle manquerait ainsi à ses devoirs de chrétienne. Cela tenait du miracle qu'elle ne soit pas à nouveau enceinte, car sa petite fille était déjà âgée de neuf mois.

Venant briser le fil de ses pensées moroses, Léopold apparaît dans la cuisine et la surprend à bercer Marie-Berthe. Selon son habitude, il regarde sa femme d'un œil mauvais.

– J'ai quinze minutes avant mon prochain rendez-vous, déshabille-toi et attends-moi dans la chambre, débite-t-il sans aucune tendresse.

Rose soulève délicatement sa fille et, sans un regard pour son époux, elle la dépose dans son berceau près du poêle. Le froid qui sévit dehors l'oblige à prendre des précautions pour éloigner la maladie de l'enfant.

Tel un automate, elle se dirige vers la chambre à coucher, qu'elle a secrètement surnommée la «chambre des douleurs». Elle retire ses bas et ses sous-vêtements et s'étend sur le dos, les jambes écartées, prête à se soumettre et à accomplir son devoir conjugal. Mentalement, elle adresse une prière à Dieu: «*Seigneur, ne permettez pas que je sois de nouveau enceinte.*»

Comme elle termine sa supplication, son mari pénètre à son tour dans la pièce et vient la rejoindre d'un pas lourd. Avec des gestes précipités, il détache son pantalon qu'il laisse choir par terre. Maîtrisant sa répulsion, Rose ramasse un oreiller qu'elle dépose sur son ventre pour s'en faire un bouclier protecteur. Elle suit des yeux les doigts de son mari qui s'agitent pour déboutonner sa combinaison. Elle éprouve un petit plaisir sadique – qu'elle réprime aussitôt – en voyant son mouvement d'humeur que lui cause cette difficulté. Finalement, il réussit à s'en sortir et s'abat de tout son poids sur elle. D'un geste rageur, il propulse l'oreiller contre la commode.

Sans aucun ménagement, il se fraie un chemin entre ses cuisses. Comme chaque fois, Rose serre les dents afin ne pas crier sa révolte. La douleur lui lacère le bas du ventre. Elle est loin de ressentir du désir durant l'accomplissement de cet acte. Elle déteste ce que Léopold lui fait subir, mais elle se console, en se disant que cela ne durera qu'un moment. Dans quelques instants, elle pourra à nouveau vaquer à ses occupations quotidiennes, ce qui lui semble une partie de plaisir en comparaison de cet acte ignoble.

Son mari transpire, et sa sueur répugnante s'imprègne sur sa poitrine et sur son ventre. Comme cela se produit chaque fois, elle est prise de nausées et doit se retenir pour ne pas faire sentir à son mari le profond dégoût qu'elle éprouve pour lui.

Précaution inutile, puisque Léopold est à mille lieues de se douter qu'elle nourrit des pensées si peu élogieuses à son endroit. Il s'active et pompe l'air comme une machine. Rose retient son souffle. L'odeur fétide du corps avachi de Léopold contre le sien lui soulève le cœur. «*Ah! s'il peut donc mourir d'une crise cardiaque!*» souhaite-t-elle intérieurement.

Sa répugnance, tant physique que morale, à l'égard de cet homme prend des proportions énormes dans son esprit. Un sentiment d'échec, d'abandon et de rejet s'empare de tout son être. Qui se préoccupe d'elle? Qui l'aime? Personne, mis à part sa petite Marie-Berthe. Elle ne représente rien, ni pour lui, ni pour quelqu'un d'autre. Mais elle refuse cette idée. Elle dramatise encore une fois.

Un grognement étouffé, que Léopold lâche contre sa nuque, lui annonce qu'elle va bientôt être libérée. Voilà, c'est terminé. Il ne lui reste plus qu'à se lever, à se laver un peu et à se rhabiller pour préparer le souper. Enfin! Elle ferme les yeux quelques secondes pour savourer cette délivrance.

Mais Léopold ne semble pas aussi pressé qu'elle. D'un ton brusque, il demande:

– As-tu fait des tartes, Rose?

Cette question provoque la panique chez elle.

– Euh... non! hésite-t-elle. Je... n'en ai pas encore eu le temps aujourd'hui.

Le regard fixé sur elle, Léopold émet un grognement sourd qui ne laisse présager rien de bon.

– Dis plutôt que tu préfères catiner avec ta fille, réplique-t-il d'un air vindicatif.

Il faut absolument qu'elle se justifie, sinon...

– Mais non, voyons! Que vas-tu t'imaginer là? minaude-t-elle, camouflant sa frousse du mieux qu'elle peut.

C'est alors qu'elle le voit s'avancer vers elle. Lorsqu'il se trouve à sa hauteur, il lui administre une gifle retentissante qui l'ébranle fortement. Elle recule instinctivement et se protège le visage contre une autre attaque éventuelle.

– Je veux que tu me prépares un rôti pour souper, ainsi que de la tarte aux pommes. Tu m'as bien compris?

– Oui, Léopold..., ton repas sera prêt comme tu le désires.

Son mari la regarde à nouveau froidement, cherchant à savoir si elle va réellement lui obéir. Satisfait de la frayeur qu'il lit sur son visage, il sort de la chambre, la laissant seule avec sa colère et son humiliation. Elle, une fille de médecin! Elle, une érudite qui s'est mérité une excellente réputation dans le village.

Folle de rage, elle s'écrie, à haute et intelligible voix:

– Un jour, je te tuerai, Léopold Saindon!

CHAPITRE 7

Notre-Dame-du-Portage, le 12 avril 1950

Dans un état de grande agitation, la petite Caroline court dans le jardin. Elle rit aux éclats en poursuivant son chat gris, lequel s'échappe rapidement de ses mains dès qu'elle réussit à le toucher. Corinne s'émerveille de voir sa fille aussi enjouée et folichonne. Cette enfant, d'une nature trop sérieuse pour son jeune âge, surprend tout le monde lorsqu'elle s'amuse avec autant d'enthousiasme. Corinne se félicite de lui avoir offert ce chat comme cadeau d'anniversaire. La fillette l'a prénommé Grisou, ce qui, pour une fois, a fait sourire Philippe. La présence de ce petit animal a transformé l'humeur habituellement taciturne de Caroline. Enfin, elle possède un ami avec qui elle peut jouer.

Cette pensée attriste Corinne. La vie doit être bien ennuyeuse pour cette enfant. Évidemment, Philippe traite bien Caroline... pour le peu d'heures qu'il passe à la maison... Cela ne suffit cependant pas pour en faire un bon père, et Corinne sent bien que sa présence manque à la petite.

Les excuses ne manquent pas pour justifier les absences de son vaillant époux. La routine de la ferme l'oblige en effet à se lever dès l'aurore pour s'acquitter de sa besogne. Il doit traire les vaches et soigner les animaux, ce qui l'éloigne trop souvent de la maison. Une fois sa journée terminée, il prend un peu de repos, puis il repart un peu plus tard pour une bonne partie de la soirée.

Corinne sait que cette tâche est trop lourde pour un homme seul. Mais elle doit se résigner à vivre de cette façon. Elle a compris depuis longtemps que son homme avait grand besoin de sa liberté. Ce qui ne l'empêche pas de se sentir rejetée. Si seulement son bel amour acceptait de lui raconter ce qu'il fait de ses longues soirées loin d'elle...

Que faire pour sauver son couple? Même le sexe n'intéresse plus Philippe. Il se contente de la prendre, sans grande ferveur, deux ou trois fois par semaine. Puis c'est à nouveau le silence entre eux. Aucune communication n'est plus possible.

Corinne soupire. Encore une journée qui s'achève dans le silence et la solitude. Est-ce cela, la vie idéale d'épouse? Heureusement qu'elle compense sa morosité par des rêveries. Plus les années s'écoulent, plus elle se réfugie dans le jardin secret de ses désirs inavouables. Elle permet alors à son imagination de se créer un monde qui n'appartient qu'à elle. Elle s'invente des scénarios où son besoin de séduire est maître. Cela lui permet de tenir le coup.

Avec un visage sans expression, elle jette à nouveau un coup d'œil en la direction de Caroline.

Même le printemps qui, habituellement, ravit son cœur, la laisse complètement indifférente ce soir.

– Viens, Caroline, c'est l'heure de te coucher, commande-t-elle d'une voix douce.

La fillette quitte son chat pour rejoindre sa mère. Le vague à l'âme, Corinne baigne Caroline et la porte dans son lit pour vaquer ensuite à ses tâches ménagères de fin de journée. Lorsqu'elle a tout terminé, elle peut enfin s'asseoir dans sa berceuse préférée pour continuer à tricoter le chandail de Philippe.

Ses doigts agiles enfilent les mailles avec une rapidité étonnante. Tout à coup, elle entend le bruit d'une voiture qui s'approche de la grande demeure ancestrale – il s'agit d'une des plus grandes maisons de Notre-Dame-du-Portage. Son grand-père l'a construite en pierres des champs, et avec son toit en mansarde et sa galerie peinte en blanc, elle a fière allure.

Les sens en alerte, la jeune femme se lève, dépose son tricot et s'approche de la fenêtre de la cuisine, espérant reconnaître le visiteur avant qu'il se présente. Elle laisse échapper un petit cri de surprise lorsqu'elle constate que c'est Philippe qui revient plus tôt que prévu. Elle tend l'oreille, espérant capter quelques bribes de la conversation qui s'échange entre son mari et Alphonse.

Elle ne peut qu'entendre des éclats de rire. *«Donc, tout va bien!»* se dit-elle, soulagée. D'un pas presque timide, elle sort sur la galerie afin de rejoindre les deux hommes.

Philippe et Alphonse ne remarquent pas immédiatement la présence de la jeune femme. Ils préfèrent l'oublier sans doute. Elle se fait petite et se retranche en elle-même. Elle déteste Alphonse parce qu'il réussit, lui, à captiver l'attention de Philippe. Comme s'il avait lu dans ses pensées, son homme interrompt sa conversation pour la considérer pendant quelques instants.

– Salut, chérie! dit-il, en l'invitant d'un geste de la main à venir le rejoindre.

Il n'en faut pas plus pour que le visage de Corinne s'éclaire de bonheur. Elle descend les cinq marches qui la séparent de son mari et lui encercle la taille dans un geste possessif.

– Pourquoi rentres-tu si tôt? s'informe-t-elle d'une voix enjouée.

– Parce que demain, je dois quitter la maison de très bonne heure. À l'aurore, pour être plus précis. Alphonse et moi, nous nous rendons à Rimouski.

– Encore? réplique Corinne, ahurie.

– Eh oui! Mais, cette fois, ce sera pour toute une semaine, ma belle! annonce-t-il tout bonnement, comme si c'était là la chose la plus naturelle du monde.

– Mais..., s'objecte-t-elle, le cœur affreusement lourd.

La pâleur de son visage trahit son émotion.

– Tu ne peux pas décider ça à la dernière minute avance-t-elle, sachant pertinemment que Philippe est parfaitement capable d'agir ainsi avec elle.

Une larme vient souligner sa déception. Elle semble si triste, si désemparée que Philippe a pitié d'elle. Dans un geste qu'il veut rassurant, il resserre ses bras autour de la taille de la jeune femme en disant:

– Voyons, chérie..., qu'est-ce que c'est que cette réaction? Ce n'est pas la première fois que je pars pour quelques jours.

Corinne se sent honteuse d'avoir laissé paraître ses émotions devant Alphonse. Il doit bien se moquer d'elle à présent. Elle sait qu'il ne l'aime pas beaucoup. Pas plus qu'elle d'ailleurs. Elle choisit le silence.

– Je... je vais rentrer. Il fait un peu froid dehors.

La mine basse, elle quitte les bras de Philippe et disparaît dans la maison. Ce qui provoque un malaise entre les deux hommes.

– J'entreprends ce voyage pour un bon motif, entend-elle de la bouche de son mari lorsqu'elle referme la porte derrière elle.

– Excuse-moi, Philippe, mais je crois que je vais rentrer moi aussi, intervient Alphonse. Ne t'en fais pas trop pour son humeur, elle te remerciera dans quelques jours. Je passerai te prendre vers les six heures, c'est d'accord? ajoute Alphonse, en tapotant gentiment le dos de son ami.

– C'est parfait, Alphonse! Sois certain que je t'attendrai avec impatience!

Demeuré seul, Philippe s'allume une cigarette qu'il fume en silence en songeant à son projet. Il espère que ce délai sera suffisant pour que se calme un peu la colère de son épouse adorée. Mais, au bout de cinq minutes, trouvant le temps long, il décide de rentrer. Il retrouve Corinne dans la cuisine. Son regard est froid, ce qui le fait sourciller. Il sent qu'il ne sera pas facile de lui faire accepter son départ.

— J'imagine que tu ne m'expliqueras pas pourquoi tu pars toute une semaine? l'apostrophe-t-elle sans ambages.

Philippe baisse les yeux.

— Je ne peux... malheureusement pas te le dire...

— Quoi? réagit-elle, ne sachant trop quelle attitude adopter.

— Ne t'emporte pas! Je ne peux pas te le dire... pour la simple et bonne raison que si mon initiative échoue, tu... seras trop déçue. Voilà!

Corinne comprend qu'elle n'obtiendra aucune explication de sa part, ce qui contribue à augmenter davantage sa fureur. Lui tournant le dos, elle s'apprête à s'éclipser lorsque Philippe la rattrape par un bras.

— Corinne! Attends un peu!

Mais Corinne se libère d'une secousse en hurlant:

— Puisque c'est ainsi, Philippe Beaulieu, il ne me reste qu'à te souhaiter une bonne nuit. Et... bon voyage!

Devant ce visage fermé, Philippe ne peut adopter d'autre attitude que de se taire. Il baisse les yeux et dit:

— Bonne nuit, Corinne!

Mais à peine quelques minutes à peine après cette confrontation rageuse, Philippe éprouve du remords d'avoir traité sa femme de cette façon cavalière, sachant qu'il lui a fait beaucoup de peine. En soupirant, il s'assoit près du poêle et s'appuie confortablement contre le dossier de la berceuse pour réfléchir à ce voyage. S'il réussit dans son entreprise, il se sentira bien soulagé d'avoir tenu Corinne à l'écart de ses projets. À cette idée, un sourire se dessine sur ses lèvres. «*Seigneur, faites que mes rêves se réalisent cette fois!*»

Des bruits familiers lui parviennent de la chambre à coucher. Aussitôt, Philippe imagine Corinne en train de se dévêtir et éprouve une soudaine envie de la serrer dans ses bras. Il se lève et s'étire en soupirant d'aise. Il a besoin d'un verre d'alcool pour se donner un peu de courage en prévision du lendemain. Il en garde toujours de caché dans le buffet de la salle à manger. Il y court rapidement, s'en verse une bonne rasade qu'il déguste tranquillement. Comme par miracle, l'alcool apaise son esprit en ébullition. Et s'il faisait l'amour à Corinne? Pourquoi pas! Cela adoucirait sans doute sa peine de le voir partir. Sans compter qu'il considérerait cela comme un heureux présage pour les difficiles décisions qu'il aura à prendre durant cette longue semaine d'absence.

* * *

Philippe ignore encore jusqu'à quel point son plan fonctionnera diaboliquement bien. Au lendemain de cette nuit d'amour, Corinne s'éveille, radieuse. Philippe a été un amant tendre qui l'a comblée de félicité. Bien sûr, elle s'est enfermée dans ses habituels mensonges, étouffant sa joie de le sentir si près d'elle. Mais ce matin, l'espoir relègue loin derrière elle ses frustrations. Au moment de l'extase, Philippe lui a murmuré qu'il l'aimait. Et ces paroles suffisent à la faire revivre.

Son regard de femme comblée se pose sur son époux. Philippe est lavé, endimanché, la barbe fraîchement rasée. *«Il est beau comme un Dieu!»* songe-t-elle secrètement en le contemplant.

Mais voilà que cette pensée fait surgir une ombre qui vient subitement planer sur sa conscience. Un intense sentiment de jalousie s'empare d'elle. Un doute effroyable la mortifie cruellement, à un point tel qu'elle décide de formuler aussitôt ses craintes:

– Philippe... Tu n'as pas... Enfin, tu n'as pas... une aventure avec une autre femme, n'est-ce pas?

Sur le coup de la surprise, Philippe sursaute.

– Quoi? Mais que vas-tu t'imaginer là? s'écrie-t-il, indigné.

– Excuse-moi! C'est que... j'ai rarement l'occasion de te voir aussi beau. Et j'ai eu peur tout à coup...

Les mots meurent sur ses lèvres.

– Corinne... tu sais bien que tu es la seule femme que j'aime et que j'aimerai toujours. Tu dois me faire confiance!

– Es-tu sincère? En fait, comment puis-je être sûre que tu me dis la vérité? Les épouses sont toujours les dernières à savoir dans ce genre de situation.

Cette discussion rend Philippe très mal à l'aise. Est-ce à cause de ce qui a failli se produire, jadis, à Québec, entre cette prostituée et lui? Pris de remords à ce souvenir malheureux, il attire Corinne contre lui et murmure:

– Ne t'ai-je pas dit cette nuit que je t'aimais, mon amour?

– C'est vrai. Excuse-moi, Philippe. Je ne sais pas ce qui m'a prise de douter de toi...

– Ce n'est rien, chérie. Oublie tout ça!

CHAPITRE 8

Notre-Dame-du-Portage, le 18 avril 1950

Les rideaux de coton, les coussins des chaises et la nappe carrelée de rouge et de blanc que Corinne a cousus pendant l'absence de Philippe égayent la cuisine et lui donnent une allure romantique. Cependant, cela ne réussit pas à faire patienter la jeune femme. Elle attend le retour de son mari avec la fébrilité d'une jeune mariée.

Debout depuis l'aurore, Corinne se fait belle pour Philippe. Elle a voulu lui faire plaisir en lui préparant ses plats favoris: du rôti de bœuf et six délicieuses tartes aux fraises qu'elle a confectionnées en puisant à même ses réserves de l'été précédent.

L'odeur qui se répand dans la cuisine embaume toute la maison d'un arôme invitant. De quoi mettre l'eau à la bouche de n'importe quel homme en appétit.

Comme elle est fière de ses réalisations! Ses croûtes à tarte semblent parfaites et son rôti baigne dans un bouillon exquis. Ce n'est guère étonnant, car elle tient cette recette de sa mère, qui l'a elle-même obtenue de son arrière grand-mère venue directement de France. Philippe en raffole, tout simplement. Chaque fois que son budget le lui permet, elle lui concocte ce mets de choix, sachant d'avance que son époux ne manquera pas de lui manifester son contentement.

L'attente fait naître en elle une nervosité telle qu'elle n'arrive plus à se maîtriser. Si Philippe n'arrive pas aujourd'hui, elle sera tellement déçappointée qu'elle se maudira d'avoir entretenu ses illusions. Son attention est toujours dirigée vers la fenêtre, où elle cherche un indice qui lui indiquerait que son homme est enfin de retour. Mais le temps s'effrite doucement sans que rien ne vienne troubler le silence lourd de la demeure.

Lassée, Corinne se penche alors vers sa fille et se surprend à sourire. Cette enfant délicate éveille en elle un puissant sentiment de tendresse. Elle ne cesse de s'émerveiller devant cette innocence toute juvénile. À la vue du corps menu, tout recroquevillé de Caroline, Corinne se sent submergée par un profond instinct maternel. Comment ne pas être émue devant ce cadeau que lui offre la vie?

Seule une ombre vient obscurcir ce tableau de paix intérieure puisque, sans en connaître les raisons, Corinne n'arrive pas à donner à nouveau la vie. Les mystères et les caprices de Dame Nature sont un vrai mystère dans ce sens. Mois après mois, Corinne doit se résigner à patienter. Elle espère le retard de ses règles, ce qui lui indiquerait que cette fois sera la bonne. Offrir un garçon à Philippe est devenu le but ultime de son existence.

Alors qu'elle dépose Caroline dans son lit, la jeune femme entend un bruit familier qui lui parvient de l'extérieur de la demeure. Après avoir soigneusement bordé l'enfant, elle se précipite dans l'escalier avec, au fond du cœur, l'espoir que ce soit enfin Philippe qui revienne au bercail.

De la fenêtre de la cuisine, elle constate que ce n'est qu'Arthur, l'homme engagé de Philippe, qui se dirige vers la maison d'un pas alerte, malgré son âge avancé. Essoufflé, il s'arrête devant le perron et fait signe à Corinne de sortir. La jeune femme s'exécute rapidement.

– Que se passe-t-il, Arthur? lui demande-t-elle, beaucoup plus agitée qu'elle ne voudrait le laisser paraître.

– Monsieur Philippe est de retour, madame Corinne! J'ai vu la voiture de monsieur Alphonse au village tout à l'heure, et je me suis empressé de venir vous prévenir.

– En es-tu bien certain, Arthur?

– Tout à fait, madame Corinne!

– Merci Arthur! Vous êtes un amour d'être venu jusqu'ici pour m'annoncer cette excellente nouvelle.

– Je suis heureux de vous faire plaisir, madame Corinne! répond Arthur en retirant son chapeau pour la saluer. Ça fait chaud au cœur de vous voir aussi rayonnante! poursuit-il, avec un sourire légèrement intimidé.

– Merci pour tout, Arthur! le congédie-t-elle, pressée de se refaire une beauté.

Dès que le vieil homme s'est éloigné, Corinne court à sa chambre pour se brosser les cheveux. Puis elle enfile le chemisier que sa mère lui a offert comme cadeau de Noël. Le fin tissu, d'un beau bleu soutenu, s'harmonise avec ses yeux, les rendant plus éclatants que jamais.

Dans sa nervosité, elle échappe quelques-uns des objets qui sont étalés sur sa commode: de vieilles photos, une brosse à cheveux et un parfum qu'elle n'utilise que dans les grandes occasions. Elle soupire de soulagement en constatant que la délicate porcelaine de la bouteille de parfum est restée intacte. Elle la remet à sa place et sort de la chambre d'un pas pressé.

Elle s'assoit dans la berceuse, près de la fenêtre. S'amorce alors une longue période d'attente pendant laquelle elle s'impatiente. *«Que fait-il donc de si intéressant au village?»* se demande-t-elle en jonglant avec ses interrogations, ce qui achève de la frustrer.

Finalement, la voiture d'Alphonse, qui s'avance sur la route du fleuve, vient briser ce long silence. Nerveuse comme à son premier rendez-vous, Corinne se lève et se dirige vers la porte d'entrée qu'elle ouvre d'une main tremblante.

Elle voit son homme sortir de la voiture en s'étirant et en riant aux éclats. Alphonse aperçoit le premier la présence discrète de la jeune femme sur le perron. Il fait signe à Philippe de se retourner.

Philippe obéit, ses yeux brillant de malice. Rencontrant le regard de sa femme, il lui adresse un clin d'œil complice en guise de bonjour. C'est plus qu'il n'en faut pour que Corinne vole au-devant de lui. Philippe l'accueille en la soulevant de terre.

Corinne rit et pleure tout à la fois. Jamais elle n'aurait cru possible d'éprouver une aussi grande joie.

– Tu m'as manquée! murmure Philippe tout contre son oreille.

Corinne cambre son corps contre celui de l'homme qu'elle aime, indifférente à la présence d'Alphonse qui affiche un sourire gêné en voyant l'intimité qui les lie. Voulant à tout prix dissiper ce malaise soudain, le meilleur ami de Philippe s'écrie sur un ton moqueur:

– Bon! Je crois bien que je vais vous laisser à vos amours... J'ai l'impression que je dérange un peu.

Philippe lui sourit d'un air suffisant en répondant:

– Mais non, mon vieux! J'avais l'intention de t'inviter à souper avec nous.

Cette invitation de Philippe, faite sans la consulter, vient briser les plans de Corinne. Un pauvre sourire se dessine sur son visage, qui laisse bien percevoir son désappointement.

– Je regrette, Philippe, mais ce sera pour une autre fois, répond Alphonse, comprenant la déception de la jeune femme. Louise m'attend à la maison. Je crois qu'elle sera très en colère si je me permets de lui faire faux bond alors qu'elle m'a sans doute préparé un délicieux repas. De toute façon, mon petit doigt me dit qu'il y a beaucoup de choses dont vous devez discuter tous les deux...

– Comme tu veux, mon vieux! accepte Philippe sans insister, au grand soulagement de Corinne.

– Alors, bonsoir les amoureux!

– Salut Alphonse! Et merci pour tout! Mais n'oublie pas que l'on doit se voir demain soir!

– Je n'oublierai pas.

Le véhicule s'éloigne enfin, laissant Philippe et Corinne seuls, tendrement enlacés.

– Et puis, demande Corinne, quoi de neuf?

– Beaucoup de choses, ma belle! J'ai une grande nouvelle à t'apprendre, commence-t-il sur un ton rempli de mystère.

– De quoi s'agit-il?

– Rentrons d'abord! J'ai hâte de me retrouver chez nous, murmure-t-il en guise de réponse tout en embrassant sa femme dans le cou et en l'entraînant à l'intérieur de la maison.

Leurs regards se posent en même temps sur Caroline, qui descend l'escalier en frottant, de ses deux petits poings, ses yeux ensommeillés.

– Dis bonjour à papa, mon poussin! l'encourage Corinne.

– Bonjour papa! répète timidement l'enfant.

– Bonjour Caroline!

Philippe est mal à l'aise. Il ne sait jamais quoi dire à cette enfant.

– Euh...! Est-ce que tu vas bien, Caroline?

– Oui! l'informe l'enfant d'une voix fluette.

– Viens embrasser papa, ma chérie! lui ordonne gentiment Corinne qui désire voir Philippe se rapprocher un peu de sa fille.

La petite s'avance docilement. Après un bref moment d'hésitation, elle effleure d'un baiser la joue de son père. Figé, Philippe ne fait rien pour l'attirer à lui. Il a de la difficulté à l'aborder, car cette enfant ne lui inspire aucun sentiment particulier. Voulant couper court à cette délicate situation, il se désintéresse de Caroline pour se tourner vers Corinne.

– Mon amour..., je t'annonce que nous allons devenir des gens très enviés!

Corinne lui tourne le dos pour essuyer discrètement une larme qui roule sur sa joue et qui trahit sa trop grande déception de le voir s'intéresser si peu à sa fille.

– Comment cela peut-il être possible? s'informe-t-elle sur un ton qui manque d'enthousiasme.

– Rien de plus facile! réplique Philippe en affichant son sourire le plus séduisant. Désarmée, Corinne décide de ne rien laisser voir de ses états d'âme. Un jour ou l'autre, elle parviendra à dissiper ce malaise entre le père et la fille. Elle s'en fait la promesse. Pour l'instant, elle doit profiter de ce que Philippe est d'humeur joyeuse et communicative afin d'essayer de reconquérir son cœur.

– Je t'en prie..., parle! amorce-t-elle, feignant l'excitation. Tu me tortures!

– Assieds-toi d'abord, et écoute-moi attentivement!

Corinne se conforme au désir de Philippe. Celui-ci jubile comme un jeune enfant.

– Madame Beaulieu, préparez vos bagages... parce que nous partons tous les deux pour une semaine à Rimouski, annonce-t-il, prononçant lentement chaque syllabe, afin de laisser à sa femme le temps nécessaire pour qu'elle assimile cette information.

La bouche sèche de surprise, Corinne réagit aussitôt.

– Mais pourquoi, Philippe? Et que ferons-nous de Caroline?

– Pardon! Je voulais dire tous les trois..., se reprend Philippe, se rendant soudainement compte qu'il venait de commettre une maladresse impardonnable.

Une ombre voile instantanément le regard de Corinne. Malgré elle, elle fouille dans ses souvenirs, cherchant à se remémorer les instants où Philippe a manifesté une attention particulière à Caroline. Le maigre bilan qui en découle est d'une tristesse lamentable. Elle sent son cœur s'étreindre.

– Et qu'allons-nous faire à Rimouski? se reprend-elle, en jetant à son époux un regard volontairement malheureux.

– Nous allons prendre possession d'un magasin général! claironne Philippe d'un air supérieur, voulant reléguer aux oubliettes cet incident qu'il juge de second ordre par rapport à ce qu'il a à communiquer à son épouse.

Bouche bée, Corinne se lève et arpente la cuisine, l'air tourmenté. Les mots se bousculent dans sa tête. *«Il est devenu complètement fou!»* se dit-elle.

– C'est tout ce que ça te fait! s'exclame Philippe, devant la faible réaction de Corinne.

– J'avoue que ça me déconcerte, Philippe Beaulieu! Tu pars toute une semaine et quand tu reviens, tu m'annonces tout bonnement que nous sommes propriétaires d'un magasin général. Comment veux-tu que je réagisse?

– Avec la joie au fond du cœur, bonté divine! s'écrie Philippe en riant de bon cœur.

Corinne se sent dépassée par les événements. Que doit-elle dire? Mais surtout, que doit-elle faire?

– Mais... tu n'as pas un sou! Et puis, tu ne sais pas comment gérer un magasin, il me semble!

Philippe cesse de rire et se contente de sourire. Cette situation l'amuse beaucoup. Il comprend qu'une pareille nouvelle puisse dérouter totalement sa femme.

– Détrompez-vous, madame Beaulieu, je connais parfaitement les rouages d'une entreprise à présent... C'est d'ailleurs la raison qui explique mes absences répétées des dernières années.

Corinne n'en revient pas.

– Mais... où as-tu appris? lance-t-elle après un moment de silence où sont confrontées ses émotions.

– Alphonse et son père m'ont appris... avec beaucoup de patience, je dois l'avouer. Ils m'ont enseigné la comptabilité et le fonctionnement d'un commerce. Je suis maintenant armé pour faire face à la musique!

– Et... tu ne m'en as jamais rien dit! s'offusque Corinne, sur un ton crispé. J'aurais pu t'aider!

Philippe se lève en soupirant et se rapproche de sa femme pour la prendre dans ses bras et la bercer tout doucement contre lui. De sa main libre, il caresse ses cheveux en reprenant ses explications:

– Il est important que j'apprenne par moi-même, Corinne. Je désire me prouver que je ne suis pas le bon à rien que ton père prétend que je suis. Toi, tu es instruite. Et de plus, tu es la fille d'un médecin. Vois-tu..., je ne me sens pas bien avec cette pensée. Depuis le début de notre mariage, je souffre de t'avoir arrachée à ton monde, de t'avoir diminuée, dégradée.

– C'est faux! s'interpose Corinne, qui s'est adoucie en entendant ce qu'il avait à confier. Je croyais que tu savais que je t'aimais et que je t'acceptais tel que tu étais!

– Peut-être! Mais c'est important pour moi, tu comprends?

– Oui... Je crois que je comprends maintenant, murmure Corinne, qui capitule tout aussi rapidement qu'elle s'était emportée.

Un silence serein s'installe entre eux. Seule la voix de Caroline qui appelle son chat vient troubler cet intense moment de réflexion.

– Mais l'argent, Philippe! Où vas-tu trouver l'argent nécessaire?

– Tu sais que depuis que nous vivons ici, ta mère me verse régulièrement de l'argent pour entretenir sa terre. Le jour de notre mariage, elle m'a expliqué que si ton père venait à mourir avant elle, elle désirait venir s'installer dans cette maison pour y finir tranquillement ses jours. Nous avons donc convenu que le travail que j'effectuerais ici méritait un salaire en plus de ce que la terre produisait chaque année. Ajoute à cela un léger prêt que monsieur Tardif, le père d'Alphonse, m'a généreusement consenti, et voilà! Tu connais maintenant toute l'histoire, termine-t-il fièrement.

Les yeux de Corinne s'embrouillent de larmes tandis que ses lèvres cherchent celles de Philippe. Un long baiser les soude l'un à l'autre, abolissant toutes les tensions existantes.

– Oh, Philippe! reprend-elle, entre deux sanglots, je regrette tant d'avoir douté de toi!

Un bonheur ineffable pointe à l'orée du cœur de la jeune femme. Un souffle d'harmonie vient apaiser tout son être. «C'est donc ça, le bonheur!» pense-t-elle, lorsqu'une nouvelle question surgit dans son esprit.

– Mais pourquoi Rimouski? Nous sommes beaucoup plus près de Rivière-du-Loup! Nous n'aurions pas eu besoin de déménager.

– C'est simplement parce que, selon monsieur Tardif, Rimouski est la ville de l'avenir. Il prévoit que d'ici dix ans, sa population aura doublé.

– Ah bon! Le magasin sera-t-il à même notre maison?

– Oui! Oui et oui! Nous serons toujours ensemble, mon amour!

– Oh Philippe! Je suis... tellement heureuse!

Les larmes coulent abondamment sur ses joues à présent. Son bonheur est inexprimable, indicible.

– Fais-moi l'amour maintenant..., ose-t-elle demander d'une voix à peine perceptible.

– Couche Caroline avant..., répond Philippe dans un doux murmure contre son oreille enchantée.

CHAPITRE 9

Kamouraska, le 26 août 1950

L'endurance physique et morale de Rose a atteint ses limites. Cette grossesse interrompue à sept
mois à peine de gestation, dans des souffrances in-
supportables, lui fait pressentir le pire. Une fois de
plus, elle devine que cet enfant ne vivra pas. Elle a
beau résister de toutes ses forces, elle a beau lutter,
tenter de s'endurcir et de se convaincre que tout
sera bientôt terminé, elle ne parvient qu'à se plaindre. Sa révolte impuissante l'a conduite vers la crise
de nerfs.

— Quand ce calvaire va-t-il s'achever? hurle-
t-elle.

Marie-Ange broie une des mains de sa fille dans
un geste nerveux, tandis que de l'autre, elle éponge
son front rendu moite par l'effort qu'elle fait pour
se délivrer. Joseph Gagnon, forceps en main, lui
lacère le bas du ventre, lui arrachant des cris de

douleur qu'elle ne peut contenir. Lui-même incapable d'en supporter davantage, il s'écrie:

– Pousse Rose! Bon sang, pousse!

Mais Rose est au bord de l'inconscience. C'est un miracle qu'elle tienne encore le coup, l'instinct de survie étant une chose inexplicable.

– Je n'en peux plus, papa! Opère-moi, je t'en conjure..., supplie-t-elle d'un ton larmoyant.

– Je ne peux pas faire ça! Tu risques de ne plus avoir d'enfant par la suite. Calme-toi et pousse!

– Je ne veux plus d'enfant! s'acharne à lui faire comprendre la jeune femme. Plus jamais!

Ce cri du cœur, Marie-Ange, plus que toutes autres femmes, en comprend la signification. Elle sait ce que vit et ce que ressent sa fille en ces moments de panique et de désespoir.

– Raisonne-toi, Rose! Tu peux y arriver! Dans quelques minutes, tu seras délivrée, l'encourage-t-elle en espérant qu'elle se ressaisisse rapidement.

Rose demeure seule face à son destin. Même ses parents sont devenus des tortionnaires et des étrangers pour elle. Son père possède le pouvoir de réduire à néant sa fertilité sans que Léopold se doute de rien. Une simple opération suffirait à la rendre stérile. Mais le médecin refuse de se rendre aux supplications de sa fille. On dirait qu'il éprouve un malin plaisir à la maintenir dans cet enfer de peur et d'incompréhension totale. Une nouvelle douleur vient l'assaillir avec force.

— Retiens ta respiration et bloque! commande aussitôt Joseph.

La voix de ce père qu'elle aime par-dessus tout la ramène à l'instant présent. Elle doit expulser de ses entrailles ce petit être qui se bat pour vivre. Concentrant toute son énergie, elle pousse et pousse afin de se libérer. Puis, au bout d'ultimes efforts, la récompense vient.

— Je le vois! crie son père, soulagé. Ne lâche pas, Rose! Il arrive enfin!

Joseph Gagnon se penche pour accueillir l'enfant. Il constate alors avec effroi que ce qui se manifeste est un petit être difforme, sans mains et sans pieds, avec des oreilles en chou-fleur et un petit cœur qui lutte pour survivre. Découragé, Joseph soustrait rapidement la pauvre petite chose à la vue de sa fille. Il l'enveloppe dans une couverture et la remet immédiatement à Marie-Ange.

— C'est un garçon..., annonce-t-il à sa fille, le regard immensément triste. Mais je crois qu'il ne survivra pas... Il est... anormal.

Marie-Ange est secouée de sanglots d'impuissance. Le sort s'acharne contre elle et contre ses filles. Aucun garçon ne verra le jour dans cette famille. Il n'y a désormais plus d'espoir.

— NON! hurle Rose.

Elle préfère sombrer dans le néant de l'inconscience, refusant de toutes ses forces d'envisager ce nouvel échec.

* * *

Le notaire pénètre dans la chambre de sa femme avec un mouvement d'impatience. Depuis la dernière grossesse de celle-ci, ils font chambre à part. La rancœur a envahi le cœur de Léopold, car il ne pardonne pas à son épouse d'avoir donné naissance à un monstre mort-né. Il ne tolère donc plus sa présence, laquelle lui est devenue insoutenable. S'arrêtant à la hauteur du lit, il retire d'un mouvement brusque la couverture qui recouvre Rose.

La peur fait sursauter violemment la jeune femme et elle se dresse aussitôt sur sa couche. Son instinct l'avertit du danger. Content de la réaction d'effroi qu'il provoque chez son épouse, Léopold la regarde dédaigneusement avant de commander:

– Lève-toi! Et fais-moi à dîner!

Rose devient blême comme le drap du lit sur lequel elle est assise. Prudente, elle amorce:

– Léopold..., je t'en prie..., je ne me sens pas bien...

Cette mollesse de caractère irrite davantage Léopold. Il s'écrie:

– Espèce de paresseuse! Lorsque je t'ai épousée, tu m'as promis obéissance. Lève-toi! ordonne-t-il en levant la main d'un geste menaçant. Lève-toi ou tu vas le regretter!

Comprenant qu'il serait plus risqué pour elle de ne pas obtempérer aux ordres de son mari, Rose se sort péniblement du lit. Bien que perturbée par d'inconfortables étourdissements, elle sait qu'elle doit se soumettre, sinon la sentence de son époux outragé sera pire encore que ce malaise passager.

Depuis le cauchemar qu'a constitué son dernier accouchement, Rose ne parvient pas à surmonter son état dépressif. Jour après jour, elle s'enfonce davantage dans un gouffre de mélancolie.

C'est d'un pas mal assuré qu'elle quitte sa chambre pour descendre l'escalier en s'agrippant de toutes ses forces à la rampe. Sa tête tourne; elle vacille dangereusement, à la recherche de son équilibre. Léopold la suit, l'œil mauvais. Sans un mot, il la laisse dans la cuisine pour retourner à ses occupations.

Péniblement, Rose s'assoit dans la berceuse près du poêle. Son regard s'accroche aux vieux rideaux jaunis ainsi qu'à la nappe de dentelle usée qui est posée sur la table. Le plancher est sale, et Rose se demande quand elle trouvera l'énergie nécessaire pour remédier à la situation. Le simple exercice qu'elle exige de son corps pour simplement descendre un escalier l'épuise totalement. Découragée, elle appuie sa tête contre le dossier de la chaise et ferme les yeux. Malgré ses vingt-huit ans, elle a l'impression d'être vieille avant l'heure. Qu'adviendra-t-il d'elle à présent?

Les pleurs de Marie-Berthe déchirent soudain le silence tendu de la maison. Aussitôt, la culpabilité vient ronger le cœur de la jeune mère. La pensée que sa fille puisse souffrir de son indifférence l'oblige à se relever pour aller la chercher. Le visage marqué par le chagrin, l'enfant lui tend des bras suppliants.

Le désir de consoler Marie-Berthe redonne un peu d'énergie à Rose. L'enfant s'accroche désespérément au cou de sa mère, craignant que celle-ci ne l'abandonne à nouveau.

– Mais non, ma petite chérie, maman est là...,
murmure Rose entre deux larmes, en amorçant une
nouvelle descente de l'escalier. Je vais te bercer un
peu. Tu veux que je te berce? poursuit-elle d'une
voix douce pour rassurer l'enfant pendant qu'elle
s'assit à nouveau dans la berceuse.

Le sourire de contentement que lui adresse la
petite Marie-Berthe lui chavire le cœur. Ce sont les
seuls instants de tendresse qu'elle tire de sa misérable vie.

– Je t'aime, ma petite Marie, murmure-t-elle. Ta
présence me réconforte tellement.

C'est ce moment d'intimité entre la mère et la
fille que choisit Léopold pour faire son entrée dans
la cuisine. La scène qui se déroule sous ses yeux le
stupéfie. Il se sent trahi par son épouse. Une violente colère s'empare de lui, et le ton de sa voix
descend de quelques octaves lorsqu'il ouvre la bouche pour crier:

– Sacrament! Qu'est-ce que tu fais encore, Rose?

Rose sursaute. Une sueur froide trace son chemin sous sa chemise de nuit.

– Excuse-moi, Léopold... La petite pleurait. Je
me suis dit qu'il y avait longtemps que je ne l'avais
pas bercée...

– Et moi dans tout ça! Tu t'occupes beaucoup
plus de cette enfant que de moi, sacrament! Je t'ai
pourtant prévenu que j'avais faim!

Marie-Berthe se met alors à pleurer, augmentant
la tension entre les deux époux.

– Mais non, mon bébé, calme-toi! lui ordonne Rose, d'une voix qui se veut rassurante.

Léopold s'avance vers son épouse, une main levée pour la frapper. Rose ravale sa salive, mais décide de ne pas bouger.

– Tu me fais à manger, oui ou non? dit Léopold d'un ton exaspéré.

– C'est bon, calme-toi! Tu fais peur à Marie-Berthe!

– Quoi? Tu oses me répondre! À moi, ton mari?

Un déclic se produit soudain dans l'esprit de Rose, ce qui lui donne l'audace de soutenir le regard de Léopold d'une façon insolente. Elle en a plus qu'assez de lui et de ses menaces constantes qui ont le don de semer la panique en elle. Il peut la frapper si cela le soulage, mais Rose décide de lui tenir tête une fois pour toutes!

– Rose Gagnon..., grogne-t-il en s'approchant dangereusement d'elle. Lève-toi de cette chaise ou tu vas recevoir la raclée de ta vie!

Le son que font les mâchoires de son agresseur lorsqu'elles s'entrechoquent donne à Rose la chair de poule. Mais, elle tient le coup.

– Non! s'insurge-t-elle.

Cette réponse catégorique résonne dans la pièce. Les yeux de la jeune femme lancent des flammèches. Une violente tempête se déchaîne en elle, la rendant vindicative.

Marie-Berthe se remet à pleurer de plus belle, attirant pendant une fraction de seconde l'attention de Rose sur elle. Léopold profite de l'occasion pour abattre sa large paume ouverte sur le visage de sa femme, mais celle-ci l'évite de justesse. C'est Marie-Berthe qui reçoit le coup. Sous l'impact, l'enfant jaillit hors des bras de sa mère. Elle bascule, pour retomber tête première sur le plancher de bois avec un bruit sourd. Elle est complètement inerte, et une mare de sang commence à se répandre autour d'elle provoquant les hurlements hystériques de Rose.

Affolé, Léopold empoigne sa femme par les épaules et la secoue pour la faire taire. Il est livide.

– Mon Dieu! Qu'avons-nous fait? hurle-t-il.

Mais Rose est saisie d'une haine effroyable. Son regard se fixe sur la porte de la cave qui est grande ouverte. Au-delà de cette porte, il y a l'escalier avec ses douze marches extrêmement dangereuses, même pour une personne familière des lieux. Elle le sait, elle l'emprunte si souvent pour aller chercher des légumes dans la chambre froide. La folie s'empare de son être. Léopold se tient debout devant cette porte, les yeux posés sur le corps inerte de Marie-Berthe. Il ignore le plan diabolique qui a germé dans la tête de sa femme.

Avec un cri qui semble surgir des profondeurs de l'enfer, la jeune femme s'élance. Avec les paumes de ses deux mains ouvertes, elle pousse cet homme méprisable droit vers la descente de la cave. Le bruit assourdissant du corps dévalant les marches de l'escalier lui arrache un sanglot étouffé. Puis prise de nausées, elle court vers l'évier pour rendre son repas. Après s'être ressaisie quelque peu, elle ramasse une couverture dans le berceau de sa fille, en enveloppe son enfant et sort de la maison en chemise de nuit, courant, s'essoufflant, pleurant.

Elle se dirige vers le cabinet de médecin de son père. Les gens la regardent dans la rue, la stupeur peinte sur leur visage. Que fait-elle? Où va-t-elle ainsi? Rose Saindon est-elle devenue folle?

Elle arrive enfin à destination, mais son cœur s'agite encore dans sa poitrine. Ses nerfs flanchent. Elle crie:

– Papa!

Et elle s'écroule.

CHAPITRE 10

Rimouski, le 22 septembre 1950

Dans la grande cuisine de sa nouvelle demeure immense et confortable, Corinne se berce, le regard fixe.

Les nouveaux propriétaires ont converti le plus grand des deux salons en magasin général, et la marchandise à vendre ne cesse de rentrer. Produits alimentaires, accessoires de couture, outils de bricolage, panoplie de bibelots et d'objets souvenirs, articles de confiserie et tabac constituent le gros de ce qu'il y a à offrir à la clientèle. Le magasin, attenant à la cuisine, est séparé de celle-ci par un rideau qui permet une certaine intimité lorsque quelqu'un s'annonce.

La cuisine, vaste et fonctionnelle, est décorée de beige et de vert. Corinne dispose de deux garde-manger et de vingt-quatre armoires pour tout ranger.

Le salon, de grandeur moyenne, est peint en un jaune très pâle et invite au repos. Comme cadeau de bienvenue, Philippe a déniché un splendide mobilier de salon recouvert de velours brun qui confère à la pièce une touche de richesse.

À même le magasin, l'heureux couple a aménagé un petit bureau pour effectuer la comptabilité et recevoir les fournisseurs.

La maison dispose de quatre chambres assez grandes, dont deux se retrouvent à l'étage, alors que les deux autres sont nichées dans l'attique, tout en haut.

Les nombreuses fenêtres, de dimensions respectables, diffusent agréablement la lumière du jour, tandis que les planchers de bois ajoutent une note rustique à ce lieu.

Jamais Corinne n'aurait cru pouvoir habiter un endroit aussi agréable. D'autant plus que son homme nage en pleine euphorie. Chaque jour, elle découvre chez Philippe les talents d'un organisateur efficace. Elle se surprend à l'écouter fredonner des airs populaires qui illuminent leur nouvelle vie commune. Les rapports que maintient Philippe avec le public sont affables et pleins de tact. On le traite avec beaucoup de respect, l'appelant «monsieur» Beaulieu. Un sourire de contentement est affiché en permanence sur son beau visage confiant. La vie semble leur offrir une deuxième chance de bâtir quelque chose de solide entre eux, et Corinne se sent enthousiaste à vouloir saisir ce cadeau que lui offre généreusement la vie.

Mais ce matin, une souffrance lui transperce cruellement le cœur. Corinne se remet mal du drame qui a entraîné le décès de son beau-frère Léopold. Elle ne l'affectionnait pas de façon particulière, mais le sort de sa sœur Rose l'affecte énormément. Celle-ci est internée depuis presque un mois maintenant, et les médecins qui la soignent ne peuvent offrir à la famille un quelconque espoir d'un éventuel rétablissement. Ils prétendent que le mal est trop profond. *«Quel affreux drame, ce qui s'est passé»* ne cesse de se répéter Corinne.

La lettre qu'elle vient de recevoir de sa mère et qu'elle tient maintenant de sa main abandonnée le long de la berceuse justifie ses pensées moroses. Marie-Ange écrit:

Selon les médecins, il n'y a pas beaucoup d'espoir pour que Rose se rétablisse. Marie-Berthe, pour sa part, est hors de danger. Je suis heureuse de m'occuper de cette enfant. Cela me rajeunit un peu. Quant à ton père, il a eu une grave attaque cardiaque et il est alité depuis maintenant deux semaines. C'est le docteur Hudon qui le soigne. Le bon docteur prétend qu'il ne pourra pas exercer la médecine avant trois longs mois... s'il s'en remet. Car rien n'est moins sûr. Les événements du dernier mois l'ont sans doute trop ébranlé. Tu connais ton père? Son orgueil en a pris un sale coup!

Je suis heureuse que tout aille bien pour toi et Philippe. Vous le méritez tous les deux.

Que dirais-tu si nous partions ensemble, toi, moi et Caroline pour Québec? Nous pourrions constater par nous-mêmes l'état de Rose...

Les yeux de Corinne se brouillent de larmes. Son imagination lui fait voir son père dans un cercueil, et cette pensée l'épouvante. Elle ne l'a pas revu depuis tellement longtemps... Il doit avoir considérablement vieilli.

Et Rose? Les pensées de Corinne la ramènent au jour de son mariage avec Philippe. Sa sœur lui avait à peine effleuré la joue de ses lèvres lors de son départ pour Notre-Dame-du-Portage. C'était un adieu terne et sans vie. Corinne se souvient d'avoir pensé que l'union de sa sœur avec Léopold ne réjouissait pas cette dernière autant qu'elle le prétendait. Cela est-il possible que Rose pressentît déjà que sa vie serait difficile auprès du grincheux notaire?

* * *

Quinze jours plus tard, Corinne, Marie-Ange et Caroline se retrouvent en riant à la gare de La Pocatière. Ne possédant pas encore de voiture, Corinne a voyagé en train depuis Rimouski avec Caroline, afin de venir rejoindre Marie-Ange. Elle veut ensuite continuer le voyage jusqu'à Québec en utilisant la nouvelle Ford que Joseph vient d'acheter et qui serait conduite par Firmin.

D'un commun accord, les deux femmes s'assoient à l'arrière du véhicule avec la fillette, afin d'être plus à l'aise pour bavarder laissant Firmin se concentrer sur le trajet. C'est la première fois que Corinne fait un si long voyage et elle se sent passablement excitée par cette aventure.

Rendus à destination, les voyageurs prennent possession de leurs chambres. Les femmes en partagent une tandis que Firmin s'installe seul dans la sienne.

La soirée s'étire tranquillement en échanges complices. Il fait bon se retrouver en famille après une si longue séparation. Corinne se sent volubile et se confie de bonne grâce à sa mère. Elle lui dépeint son nouveau bonheur et lui communique ses espoirs pour l'avenir. Marie-Ange l'écoute avec attention, charmée par la vie que lui décrit sa fille.

— Il n'y a qu'une ombre qui vient obscurcir ce nouveau bonheur, maman, déclare soudainement Corinne en grimaçant pour la première fois depuis leurs retrouvailles.

— De quoi s'agit-il donc, Corinne? Tout semble tellement parfait.

— Bien... je m'attends toujours, d'un mois à l'autre, à être de nouveau enceinte. Mais, sans que j'en comprenne les raisons, Dieu me refuse une nouvelle grossesse. Je vieillis tranquillement et j'ai peur que cela ne me soit plus possible...

Marie-Ange cherche à saisir ce que sa fille veut exprimer. Doit-elle comprendre que Corinne ne sait encore rien de son état de femme stérile? Marie-Ange choisit de se taire par prudence, attendant la suite.

— Ce n'est pourtant pas parce que Philippe et moi ne faisons rien pour remédier à la situation, poursuit Corinne en rougissant. Philippe dit que cela viendra en son temps. Qu'il faut que je sois très patiente, et qu'un jour, je connaîtrai à nouveau ce bonheur!

— Philippe dit cela? s'écrie Marie-Ange, de plus en plus étonnée par les propos de sa fille.

Son gendre aurait-il donc volontairement caché la redoutable vérité à Corinne.

– Eh oui! répond Corinne. Il dit aussi que de toute façon, cela lui importe peu. Apparemment, il ne tient pas à élever une famille nombreuse. Mais il ajoute que si moi, j'y tiens, il est prêt à changer d'idée.

Marie-Ange est sidérée d'entendre un pareil discours. La façon audacieuse qu'a Philippe de mentir lui hérisse les cheveux dessus la tête. Que doit-elle faire? Dire la vérité à Corinne? Non. Ce n'est pas à elle qu'il revient d'annoncer la triste nouvelle à sa fille. C'est plutôt à son mari que cette responsabilité incombe.

– Tu sais, chérie, ton accouchement a été très difficile... Peut-être que ton organisme te protège efficacement contre une éventuelle grossesse, avance-t-elle prudemment, se sentant obligée de dire quelque chose.

– Mais je me porte très bien en ce moment. Je n'ai jamais été aussi en forme de toute ma vie!

– Laisse le temps arranger les choses, Corinne. Sois plus patiente. Les événements de la vie se chargent parfois de nous faire vivre des situations qui sont préférables pour nous.

– Mais... je veux un garçon, moi! s'objecte aussitôt Corinne. J'y tiens absolument!

– Je comprends, Corinne, la rassure Marie-Ange. Allez... Il est temps de dormir à présent. La rencontre prévue avec Rose pour demain risque d'être éprouvante pour nos nerfs...

– Tu as raison maman... Dormons!

* * *

Tel qu'il avait été convenu la veille, les trois voyageuses prennent la direction de l'institution psychiatrique où est enfermée Rose. Une infirmière, toute de blanc vêtue, les reçoit avec chaleur avant de les accompagner à la chambre de la malade.

Le regard de Corinne se voile de tristesse lorsqu'elle revoit sa sœur aînée. Elle est obligée de conclure que le diagnostic des médecins se révèle juste: l'état de Rose ne présage aucun rétablissement prochain. Son visage sans vie fait peine à voir. Elle ne reconnaît même pas les visiteuses. Aucun son ne sort de sa bouche; elle se contente de fixer le mur avec une expression impénétrable. Quel triste bilan!

Marie-Ange et Corinne lui parlent doucement. Pendant plus de deux heures, elles s'acharnent à la sortir de son état léthargique, sans résultat apparent. Découragées, elles retournent à l'hôtel en silence. Le lendemain et le surlendemain, elles redoublent d'ardeur dans leurs propos, mais toujours sans succès. Rose semble définitivement perdue.

* * *

Joseph Gagnon entretient de sombres pensées dans son cerveau en effervescence. Lorsqu'il songe à Marie-Ange, un sentiment de rancœur et d'impuissance l'envahit, et la même litanie de questions lui revient sans cesse à l'esprit. Comment une épouse digne de ce nom peut-elle abandonner aussi froidement son mari malade?

Bien sûr, Marie-Ange a tout prévu avant son départ. Elle a embauché madame Blanche qui prend soin de lui et de la petite Marie-Berthe. Mais tout de même! Joseph Gagnon doit s'avouer qu'il compose mal avec cet affreux sentiment de rejet.

Puis, peu à peu, ses pensées se tournent vers sa fille Rose. Sa Rose! La seule dans cette famille de femmes à avoir vraiment pris son rôle d'épouse au sérieux. Du moins l'avait-il cru... Cela avait été vrai, jusqu'au moment où cet effroyable drame était venu briser d'un seul coup leurs vies bien rangées. Il n'oubliera jamais le regard dément que sa fille avait posé sur lui en cet instant fatidique. Ses pleurs hystériques hantent encore toute la maison.

Jamais, durant toute sa carrière de médecin, Joseph n'avait fait face à une scène aussi terrifiante que celle où il avait découvert le corps de Léopold démantelé au bas de l'escalier de la cave de sa propre demeure. Le choc qui s'en était suivi l'avait fait vomir de répulsion.

Même si, quelques heures après cet horrible cauchemar, un détective concluait à la légitime défense, les mauvaises langues du village n'en continuaient pas moins à ébruiter cette sale affaire dans toute la région de Kamouraska.

Aux yeux de tous, Joseph avait engendré une criminelle, une meurtrière, une pauvre folle qui avait enlevé de sang-froid la vie de son époux. Quelle honte pour la famille!

Et puis était venue cette attaque cardiaque qui ne lui laisse aucun répit depuis. Ses souvenirs le ramènent de nouveau à Marie-Ange que sa maladie ne semble guère inquiéter. Évidemment, cela lui permet de faire discrètement les yeux doux à ce David Hudon...

Cette pensée attise sa colère, le faisant s'écrier:

– La garce!

Une vive douleur à la poitrine l'oblige cependant à se calmer aussitôt. Quelques larmes d'impuissance inondent son visage crispé de douleur.
Joseph Gagnon est à même de constater que son
sort dépend dorénavant des autres.

CHAPITRE 11

Kamouraska, le 20 juin 1957

À travers la fenêtre de la cuisine vieillotte des Beaulieu, le soleil filtre son doux rayonnement, et le plancher, avec son revêtement défraîchi, craque sous les pas impatients d'Onésime Beaulieu. Cet homme d'âge mûr est profondément déçu. Le plus jeune de ses fils lui a fait part d'un projet d'avenir plutôt surprenant, trop pour son entendement. Onésime ne comprend pas ce que cette génération d'écervelés a dans les tripes. Chacun de ses fils semble dédaigner cet héritage qui s'est édifié de génération en génération, à coup de peine et de misère. Ils préfèrent fuir vers d'autres pâturages qui leur paraissent plus verts.

Son fils aîné, Philippe, gagne maintenant son pain en tant que commerçant. Le second, Pierre, construit et rénove des maisons. Luc travaille pour Pierre comme maçon, alors que Jean a un emploi de journalier à la voirie. Ses quatre filles sont maintenant mariées et habitent les grands centres urbains. Il ne lui reste plus que Bruno sur qui compter. Mais voilà que ce matin, celui-ci lui apprend qu'il veut faire de grandes études. L'infortune semble vouloir jouer de très mauvais tours au vieil homme fatigué. Ravalant sa salive, Onésime Beaulieu s'écrie:

– Pourquoi, Bruno? Je ne comprends pas. Tout est pourtant florissant ici! Regarde monsieur Lévesque; le gouvernement lui a octroyé une subvention pour améliorer son équipement de ferme.

– Tu sais bien que ce n'est pas si facile que tu le dis, papa! Il faut de grands moyens pour pouvoir continuer comme agriculteur. Près du tiers de la population quitte la région pour aller vivre dans les grands centres. Et ceux qui décident de demeurer ici doivent investir beaucoup d'argent afin de se moderniser s'ils veulent devenir productifs. Nous, on n'a pas cet argent, papa! Et tu le sais aussi bien que moi!

– C'est vrai, convient Onésime en baissant les bras.

– L'avenir est dans les communications, papa! Je le sais. Je le sens. Je veux devenir écrivain ou journaliste. Peut-être même qu'un jour je ferai de la télévision.

– Tu es complètement fou, Bruno! De la télévision..., c'est une idée ridicule!

– Tu te trompes, papa! Près de 90 pour cent de la population du Québec possède maintenant un téléviseur. Et regarde ce qui se passe depuis son avènement.

– Ce n'est pas comme ça ici, Bruno!

– D'ici cinq ans, papa, je te prédis que tous les habitants de la région auront leur propre appareil. Et moi, je désire que les gens me voient. Je veux devenir quelqu'un qu'on envie. Je veux laisser ma marque dans l'histoire du pays.

Onésime recommence à marcher nerveusement dans la cuisine. Bruno le regarde faire, sachant très bien que son père est sur le point de se laisser fléchir par sa requête.

– Imagine ta fierté lorsque tu me verras au petit écran! Tu pourras te vanter à tous que c'est ton fils que tout le monde admire ainsi.

– Bonté divine! Tu es pris par la folie des grandeurs!

– Je t'assure que mon avenir est assuré, papa!

Onésime soupire bruyamment. Bruno a toujours su toucher la corde sensible en lui.

– C'est d'accord! capitule-t-il. Mais où trouveras-tu l'argent nécessaire pour faire ces études?

– Je m'installerai chez Philippe, à Rimouski. L'université est à deux pas de chez lui. Je payerai ma pension en l'aidant au magasin. Je suis certain que cet arrangement lui conviendra parfaitement. Il pourra s'offrir un peu de loisir sans devoir piger dans son portefeuille.

– Tu penses vraiment à tout, n'est-ce pas?

– Évidemment! J'ai hérité de ta grande intelligence! rigole doucement Bruno, le regard fixé sur son père.

– Bon! Je n'ai plus qu'à m'incliner, je présume. Mais tu n'iras pas à l'université avant un an! J'ai besoin de temps pour assurer mes arrières parce qu'il faudra que j'embauche du personnel pour te remplacer. Est-ce que je peux compter sur toi, au moins pour cette période?

– Tu sais bien que oui, papa! Tu peux toujours compter sur moi.

– Soit, je lâche prise! Mais promets que tu te souviendras de ton vieux père lorsque tu seras célèbre, ajoute Onésime tout en le regardant avec des yeux vifs et rieurs.

Bruno rit à gorge déployée en entendant cette boutade. Il a le cœur débordant de reconnaissance. Se levant, il s'empare de la main de son père pour la secouer en guise de remerciement.

– Je te promets que tu seras fier de moi, papa!

CHAPITRE 12

Kamouraska, le 6 octobre 1957

L'automne, malgré ses vifs coloris aux couleurs de feu, enveloppe le cœur des familles de Kamouraska d'une lourde tristesse. Le docteur Joseph Gagnon a rendu l'âme le 3 octobre dernier, succombant à un arrêt cardiaque.

Tous les villageois sont rassemblés pour lui rendre un dernier hommage. Car cet homme, à la fois craint et admiré de tous, a droit à des funérailles de grande envergure. Le curé Normandin y a vu de près. Le saint homme a mobilisé tous les enfants de chœur ainsi que les membres de la chorale pour faire de ce service funéraire un événement inoubliable aux yeux de ses chers paroissiens.

Comme Joseph Gagnon était un personnage respecté, chacun désire témoigner à sa façon sa reconnaissance pour les nombreux services qu'il a rendus de son vivant à la communauté tout entière.

Haut juché dans sa chaire, le curé Normandin fait l'éloge de cet homme généreux qui n'a jamais compté ni son temps ni son argent pour mener à bien sa mission. L'œil humide, le curé souligne que le brave docteur a veillé sur la santé de tous et chacun. Il va jusqu'à l'élever au rang des grands chrétiens de l'histoire de Kamouraska, prétendant qu'il pourrait être canonisé pour ses nombreuses œuvres humanitaires.

– Il était un modèle de vertu et de foi chrétienne! affirme le curé. Tous, autant que nous sommes, nous devons prendre exemple sur cet homme de service qui mérite son ciel immédiatement. Oui, mes frères! je peux certifier que Joseph Gagnon est déjà près de Dieu et que son œil bienveillant est posé sur chacun de ceux qui sont ici rassemblés pour lui dire un dernier adieu. Prions-le souvent! Car il peut, j'en suis certain, obtenir pour nous les faveurs de notre Père céleste et nous faire gagner des indulgences!

Dans la petite église de Kamouraska, on pleurniche, on toussote, on renifle, on se mouche. Les paroissiens s'inquiètent à savoir qui prendra la relève du docteur Gagnon. Aura-t-il seulement un remplaçant?

Dans le premier banc en avant, au milieu de la famille réunie, Marie-Ange et Corinne, toutes de noir vêtues, baissent le regard pour cacher leurs yeux humides.

Après la cérémonie, les deux femmes suivent le cortège funèbre jusqu'au cimetière, la dernière demeure de Joseph Gagnon.

Debout côte à côte, elles voient descendre le cercueil en chêne massif dans la terre froide d'octobre. Le prêtre récite une dernière prière. Chacune lance une rose dans le trou béant avant qu'on ne commence à le remplir de terre.

Ensuite, épaule contre épaule, tête baissée, elles quittent ce lieu morbide, sans qu'aucune larme ne vienne trahir leur émotion. Joseph Gagnon appartient désormais au passé.

CHAPITRE 13

Rimouski, le 3 août 1958

Assise en face de son père, Caroline regarde celui-ci intensément, semblant l'étudier. Philippe découpe délicatement son steak pour l'introduire dans sa bouche par petites bouchées. Il mâche lentement, broyant consciencieusement chaque morceau de bœuf, comme s'il désirait arrêter le temps. Sa façon de manger fascine Caroline depuis toujours. Son père mord à belles dents dans la nourriture, savourant chaque bouchée, tel l'invité d'honneur à la table de ses hôtes. Chaque repas semble un banquet pour lui, alors qu'elle-même ne fait que picorer dans son assiette, sans beaucoup d'appétit.

Caroline est étonnamment éveillée pour ses treize ans, et sa maturité lui fait constater que son père est un inconnu pour elle. Il lui adresse si rarement la parole que lorsque cela se produit, elle en est toute surprise. Il ne la regarde pas souvent non plus. Quand il daigne lui sourire, c'est toujours du bout des lèvres, avec l'air de quelqu'un qui craint de se faire voler quelque chose de précieux. Que faire qu'elle n'ait déjà tenté afin de lui plaire et d'attirer son attention?

Probablement conscient que sa fille l'examine, Philippe lui adresse la parole sur un ton autoritaire:

– Caroline, tiens-toi droite!

– Oui, papa! répond-elle machinalement, se tortillant pour faire semblant de se redresser.

– As-tu lu le journal, Corinne? Une étude démontre que la population de Rimouski s'est accrue de plus de 3 000 âmes depuis 1956. Ça, c'est bon pour les affaires! ponctue-t-il avec un sourire de contentement.

– Oui, Philippe, je l'ai lu ce matin, répond Corinne en déposant devant lui une généreuse portion de dessert: un somptueux gâteau au chocolat sur lequel Philippe jette un regard gourmand.

– D'ici dix ans, je te prédis que tout le Québec viendra traiter des affaires ici! poursuit-il, en revenant à son journal.

– Tu exagères un peu, Philippe! On est beaucoup trop éloigné des grands centres pour qu'on nous prête attention! Tu oublies que Montréal est la métropole du pays.

– Je te le dis, Corinne. Crois-moi! affirme Philippe avec assurance.

Caroline soupire: «*Voilà! pense-t-elle, ce sera sans doute la seule phrase qu'il m'adressera aujourd'hui.*»

Caroline a beau tout faire pour que son père s'intéresse à elle, rien n'y fait. Pourquoi s'acharne-t-elle ainsi à vouloir conquérir son cœur? Elle sent bien qu'il s'agit là d'une cause perdue, mais le désir de se sentir aimée de lui est plus fort que tout. Lorsqu'elle se retrouve seule dans sa chambre, elle lui communique en pensée ses peines et ses attentes. Ses conversations secrètes durent parfois de longues heures avant que le sommeil vienne enfin l'emporter dans l'inconscience.

– Chérie, veux-tu du gâteau? lui demande sa mère d'une voix très douce, brisant le fil de ses réflexions.

– Euh...! je n'ai pas très faim, maman, répond Caroline.

– Tu devrais manger un peu plus, Caroline. Tu es maigrichonne et tu n'as jamais d'appétit, la sermonne Corinne sur un ton maternel.

– Maman... je t'en prie, je mange suffisamment...

– Mais tu n'as pratiquement rien touché dans ton assiette!

– Maman! reprend Caroline, exaspérée d'entendre toujours répéter le même discours.

– Tu sais que j'ai raison, Caroline. N'est-ce pas, Philippe, que Caroline devrait mieux s'alimenter?

– Euh...! Tu disais Corinne? interroge Philippe, consentant pour un bref instant à lever son nez du journal.

– Je disais que Caroline ne mangeait pas assez.

– C'est vrai... Termine ton assiette, Caroline! commande alors son père, sans pour autant lui octroyer plus d'attention qu'il n'en faut.

Déçue, Caroline hausse les épaules. Il ne l'a même pas regardée en disant cela. Visiblement, la santé de sa fille ne le préoccupe pas outre mesure.

La clochette se met alors à tinter, annonçant l'arrivée d'un client, ce qui interrompt la conversation. Machinalement, Philippe se lève et quitte la cuisine pour se diriger vers le magasin. Le visage de la jeune fille exprime le renoncement. Avec sa fourchette, elle se met à jouer dans sa nourriture, tassant sur le côté les pommes de terre et la salade qui garnissent son assiette, pour en faire un amoncellement. Si déjà, au départ, l'idée d'avaler toute cette nourriture ne lui souriait guère, son contenu lui soulève maintenant le cœur. Un puissant sentiment de révolte vient la submerger. L'indifférence de son père à son endroit est décidément plus pénible à vivre que s'il la violentait. Combien de temps encore pourra-t-elle supporter ce silence et cette indifférence.

Philippe revient s'asseoir à la table, un sourire béat de contentement accroché à ses lèvres fines. Il tient entre ses mains une enveloppe qu'il brandit sous les yeux de Corinne en annonçant:

– Je viens à l'instant de recevoir une lettre de mon frère Bruno.

– Que veut-il? s'enquiert aussitôt Corinne, sur un ton intéressé.

– Il demande si on accepterait de l'héberger à partir de la fin d'août. Il veut venir étudier la littérature ici même, à Rimouski, précise-t-il, non sans

186

éprouver une pointe de fierté pour le talent et la détermination de son jeune frère.

– Oh! s'écrie alors Corinne, surprise par cette demande inattendue. Je ne sais pas si nous avons l'espace nécessaire pour l'accueillir ici, Philippe.

– Voyons, Corinne! Tu ne vas tout de même pas refuser l'hospitalité à mon frère!

– Je n'ai pas dit ça, Philippe! C'est que... je me demande si nous avons les moyens de l'aider. C'est un homme maintenant... Et un homme, ça mange beaucoup. Et puis, j'entretenais l'espoir que Caroline fasse de longues études, elle aussi. Ne crois-tu pas qu'avant de nous occuper de ton frère, nous devrions penser à notre propre fille?

– Écoute, Corinne, tu dois comprendre que c'est une chance exceptionnelle pour nous. Réfléchis un peu! Il travaillerait au magasin en soirée. Ce serait sa façon de défrayer les coûts de sa pension. Il y a si longtemps que nous sommes enchaînés dans cet établissement. Nous pourrions enfin profiter de nos soirées, et même sortir ensemble à l'occasion. Il me semble t'avoir entendue dire que tu voulais te joindre aux femmes de la paroisse pour faire du bénévolat... Ce sera ta chance, tu ne penses pas?

Soudainement très intéressée, Caroline écoute la discussion avec attention. Il semblerait qu'enfin une distraction inespérée s'offre à elle. Sa mémoire essaie de reconstruire une image fidèle de la physionomie de son oncle Bruno. La dernière fois qu'elle l'a vu, elle n'avait que huit ans. Elle se souvient que Bruno était alors plutôt grand pour son âge et que ses bras, trop longs pour son corps mince, dépassaient de beaucoup ses manches de chemise. Sans comprendre ses véritables motifs, elle adresse une prière à Dieu pour que sa mère accepte d'héberger son jeune oncle.

Corinne, de son côté, réfléchit aux conséquences que pourrait entraîner son accord définitif. Elle conserve en mémoire les longues soirées où Philippe cherchait toutes les occasions pour s'éclipser, la laissant seule avec Caroline. Si son frère Bruno venait à s'installer chez eux, Philippe en profiterait-il encore pour s'éloigner d'elle? Mais, d'un autre côté, se disait-elle, avait-elle le droit de refuser à son mari la permission de venir en aide à son jeune frère?

– Combien de temps compte-t-il demeurer ici? s'informe-t-elle prudemment.

– Environ trois ans, je pense, répond Philippe en captant le regard de sa femme d'un air charmeur.

Comment lui refuser quoi que ce soit lorsqu'il la regarde de cette façon enjôleuse? se demande Corinne.

– Trois ans! C'est tout un contrat, Philippe! s'écrie-t-elle cependant, pour bien lui faire comprendre qu'il lui demande là une énorme faveur.

– C'est vrai. Mais pense à l'aide qu'il peut nous apporter, ma chérie. Allez..., sois charitable!

– Bon! J'accepte! Mais à nos conditions, tout de même. Tu devras lui parler et établir avec lui les règles que nous voulons qu'il observe, et ce, avant même qu'il emménage.

– Je suis entièrement d'accord avec toi, chérie, approuve Philippe en souriant.

Corinne ne peut que sourire à son tour. Le charme de Philippe opère une fois de plus sur elle. Elle vendrait volontiers son âme au diable pour le voir sourire plus souvent.

– Où l'installerons-nous? revient-elle cependant à la charge, ne voulant rien laisser au hasard.

– Je crois qu'on pourrait lui donner une des chambres du haut. Il y en a encore plusieurs de libres. Qu'en penses-tu?

– Oui..., nous pourrions lui offrir la chambre voisine de celle de Caroline. C'est la plus grande et la plus confortable des trois. Nous pourrions également lui aménager un bureau de travail. Qu'en dis-tu?

– C'est une excellente idée! admet Philippe, qui n'aurait jamais cru que ce serait si facile de convaincre sa digne épouse.

Une lueur illumine le regard de Caroline. Elle réfléchit en solitaire à ce qu'implique cette décision. *«Merci, Maman!»* pense-t-elle secrètement, le cœur débordant de reconnaissance à la pensée qu'elle aura un ami à qui parler.

CHAPITRE 14

Kamouraska, le 25 août 1958

Dans l'immense demeure des Gagnon, Marie-Ange se berce, l'air songeur. Depuis la mort de Joseph, elle tourne en rond, répétant chaque jour les mêmes gestes. Sa maison reluit de propreté, à un point tel qu'on pourrait manger sur le plancher. Ces tâches ingrates du quotidien ne l'ont jamais beaucoup satisfaite. Marie-Ange s'ennuie. Elle porte le deuil de Joseph depuis presque un an déjà, et un profond désir de refaire sa vie l'habite fortement.

Au début de son veuvage, la volonté de poursuivre l'œuvre de son mari l'avait motivée à demeurer à Kamouraska. Mais, très rapidement, elle avait compris qu'elle se berçait d'illusions. Les gens du village lui avaient fait comprendre qu'elle ne remplacerait jamais Joseph comme médecin. Elle avait bien continué à accoucher quelques femmes du village, mais la majorité d'entre elles se rendaient maintenant dans les hôpitaux pour donner la vie. Elles prétendaient que c'était plus sûr. Marie-Ange ne pouvait pas leur en vouloir, le taux élevé de mortalité chez ces femmes justifiant amplement leur décision. On venait la consulter également pour soigner quelques écorchures sans importance ou encore pour réclamer du sirop contre la toux, mais rien de plus.

Jour après jour, pendant plus de trente ans, Marie-Ange avait été l'assistante de son époux. Tous ses loisirs avaient été consacrés à étudier la médecine afin d'apporter une aide plus efficace. Les connaissances qu'elle avait acquises durant ces longues années faisaient d'elle une excellente infirmière, et même un médecin acceptable, en cas d'urgence. Mais ce n'était pas évident pour les villageois de Kamouraska. Et en cette période creuse de son existence, Marie-Ange trouvait que cela était vraiment dommage.

Depuis un mois, une idée faisait lentement son chemin dans son esprit. Pourquoi persister à demeurer dans ce village si elle ne pouvait être utile à personne? Elle pourrait facilement retourner à Notre-Dame-du-Portage et elle serait ainsi plus proche de ses sœurs et de ses frères. De nombreux amis et connaissances l'accueilleraient à bras ouverts là-bas. La maison paternelle était abandonnée depuis le départ de Philippe et Corinne, et personne ne la réclamait, son entretien étant vite devenu une charge pour le reste de la famille. Et puis, l'héritage que Joseph lui avait légué lui procurait une certaine aisance financière, ce qui lui permettait de s'offrir une vie confortable. Si, bien entendu, elle se décidait enfin à vendre ses terres et ses bâtiments.

«Pourquoi pas? La vie ne s'arrête pas à cinquante-deux ans», se répète-t-elle pour la centième fois.

Elle a la chance de jouir d'une excellente santé, alors pourquoi ne pas en profiter?

Le cours de ses pensées la ramène au docteur Hudon. Elle a appris que Marie-Louise était atteinte d'une maladie incurable et qu'elle était sur le point de rendre l'âme. Il n'y avait aucun espoir qu'elle s'en sorte vivante. David était seul avec son immense chagrin, lui, un homme si bon et tellement charmant. Souvent, elle avait pensé l'aider à traverser cette dure épreuve. Oui. C'est ce qu'elle devait faire.

Se levant de la berceuse, Marie-Ange appelle sa petite-fille d'une voix forte:

– Marie-Berthe!

Une toute jeune fille apparaît dans la cuisine.

– Oui, grand-maman!

– Ma chouette, prépare tes bagages. Nous partons vivre à Notre-Dame-du-Portage!

– Quoi?

– Tu as compris, Marie-Berthe. Va chercher Firmin, j'ai à lui parler.

– Mais... mes amis, grand-maman.

– Tu t'en feras de nouveaux, ma chouette. Allez, ouste! Amène-moi Firmin!

Marie-Berthe s'exécute, les larmes aux yeux. Quelques secondes plus tard, Firmin arrive sur le pas de la porte.

– Vous m'avez fait demander, madame Ga-gnon?

– Oui, Firmin. Cours au village et rends-toi chez monsieur Michaud. Depuis la mort de Joseph, il ne cesse de me faire des offres pour ma terre. Dis-lui que je suis prête à tout lui vendre et que je l'attends cet après-midi même. Mon cher Firmin, nous dé-ménageons! Et si tu désires toujours être à mon emploi, je t'offre le même travail qu'ici, mais à Notre-Dame-du-Portage.

La détermination de la veuve du docteur Ga-gnon fait sourire le vieil homme. Il ne l'avouerait à personne, mais depuis des années, il aime cette femme en secret.

– Vous savez bien que je vais vous suivre, ma-dame Gagnon. Un vieux garçon comme moi, vous comprenez... Enfin, vous savez que je n'ai que vous au monde... ajoute-t-il en rougissant légèrement.

– Bien, Firmin! Dépêche-toi!

Et le fidèle employé quitte la demeure pour s'engager sur la route du fleuve. Marie-Ange le regarde partir, un sourire satisfait accroché à ses lèvres fines. Elle se sent bien, parce qu'elle a enfin pris ce qu'elle présume être une bonne décision pour son avenir.

CHAPITRE 15

Rimouski, le 10 octobre 1958

.

Caroline ne se lasse jamais de surveiller son oncle Bruno du coin de l'œil. Elle constate, une fois de plus, comme il est beau, charmant, toujours poli, avenant, vaillant. À cause de son timbre de voix chaleureux et caressant, Caroline a l'impression d'être la personne la plus importante du monde quand il s'adresse à elle. Bien qu'il se fasse le plus souvent discret, elle ne peut détourner son regard de lui. Son arrivée au domicile des Beaulieu a causé bien des remous dans le quartier. Les jeunes filles accourent volontiers au magasin pour le voir et lui parler. Mais Bruno est du genre réservé. Poli mais réservé. Il les repousse adroitement, sans toutefois les peiner.

Caroline aussi est sensible à son charme. Dès qu'elle pose les yeux sur son oncle, elle se sent devenir fiévreuse. Quand elle parle de lui à ses compagnes de cours, elle dit que son oncle Bruno ressemble à un acteur de cinéma.

Mais ce qui fait réellement battre son cœur, c'est la facilité avec laquelle elle arrive à se faire son propre cinéma. Bruno devient alors un jeune premier qui lui déclare son amour dans des scènes vibrantes où elle se sent revivre. Et pourquoi pas? Est-ce un crime de rêver?

Le soir, vu que la chambre de son oncle est voisine de la sienne, Caroline peut épier discrètement tous ses faits et gestes, cherchant à interpréter les bruits qu'elle entend. Son imagination fait le reste. Pense-t-il à elle comme elle pense à lui? Parfois, elle se prend à rêver qu'il l'aime en secret, lui aussi. Les regards qu'il pose sur elle lui donnent l'impression d'être chargés de convoitise. Ses grands yeux bruns dévorants de sensualité la pénètrent jusqu'au fond de l'âme et la rendent mal à l'aise.

– Caroline?

C'est sa mère qui l'interpelle ainsi, ce qui l'oblige à sortir de ses rêveries.

– Tu es dans la lune, ma puce. Dépêche-toi de terminer ton repas! Il y a la vaisselle à faire, et j'ai une réunion du Cercle des fermières ce soir.

Cette dernière phrase attire l'attention de Philippe. Il replie soigneusement son journal et s'adresse à Corinne.

– Est-ce que j'ai bien entendu? Tu as l'intention de sortir, ma chérie?

Corinne soupire. Encore une fois, Philippe a oublié que c'était son soir de sortie.

– Tu sais bien, Philippe, que ma réunion des fermières a lieu tous les lundis soirs!

– C'est vrai. Excuse-moi Corinne! Je l'oublie toujours. Le problème, c'est que j'ai moi-même une sortie de prévue.

– Où ça?

– Bien... avec quelques membres des Chevaliers de Colomb. Nous avons décidé de nous réunir pour jouer aux cartes...

«... *et prendre un coup»,* complète Corinne en secret tout en fulminant de rage. Et comment Philippe peut-il se permettre de prendre des engagements sans tenir compte de son propre emploi du temps, à elle?

– Eh bien, tu devras remettre cette soirée à un autre jour, Philippe! prononce-t-elle fermement en foudroyant son mari du regard.

– Non... Écoute Corinne..., tu ne peux pas me faire ça!

Corinne tente de se maîtriser.

– Philippe... ne m'oblige pas à me mettre en colère devant Bruno et Caroline. Il est hors de question que je n'assiste pas à cette réunion! Tu n'avais qu'à tenir compte de mes projets.

– Excusez-moi, vous deux..., intervient Bruno, s'immisçant doucement dans leur discussion, vous pouvez sortir l'esprit tranquille. Caroline et moi sommes parfaitement capables de nous occuper du magasin!

– Mais tu viens d'arriver, Bruno..., coupe Philippe. Et puis, Caroline a des devoirs à faire. Nous ne pouvons pas vous laisser seuls avec toute la charge du commerce sur le dos.

– Bien voyons, Philippe, tu sembles oublier que j'ai vingt ans et que je suis assez intelligent pour me débrouiller tout seul. S'il y a quelque chose que je ne trouve pas, Caroline m'aidera. Vous pouvez partir l'esprit tranquille. Vous méritez bien de petits congés de temps en temps.

Philippe et Corinne se regardent, chacun cherchant à sonder ce que l'autre pense de cette offre alléchante. Philippe brise le premier ce temps de réflexion. S'adressant à Corinne, il demande:

– Qu'est-ce que tu en dis, chérie?

– Je crois que Bruno est capable de tenir le magasin sans nous. Je lui fais entièrement confiance.

– Parfait! C'est réglé alors! approuve Philippe.

Caroline adresse un regard complice à son oncle. L'idée de passer une soirée seule avec lui l'enchante au plus haut point.

CHAPITRE 16

Rimouski, le 7 janvier 1959

Caroline est soulagée que le temps des fêtes soit enfin terminé. Bruno a dû quitter Rimouski pour aller célébrer Noël à Kamouraska avec sa famille. Elle l'a bien revu chez son grand-père Onésime le lendemain de Noël, mais elle a été déçue par l'attitude distante que son oncle manifestait à son égard. Il faut dire que sa cousine Andrée, la fille de son oncle Pierre, avait mobilisé toute l'attention du jeune homme, qui semblait plus qu'heureux de bavarder avec elle.

Enfin, tout cela faisait maintenant partie du passé, et Caroline avait enfin retrouvé toute l'attention que son oncle Bruno portait habituellement à sa petite personne.

C'est en souriant qu'elle pénètre dans le magasin. Elle trouve Bruno assis en équilibre précaire sur une chaise dont le dossier est appuyé contre le meuble qui renferme les herbes et les épices. Les deux pattes avant de la chaise ne touchent plus le sol. Un livre grand ouvert sur les genoux, il semble perdu dans de profondes réflexions. Caroline l'interpelle doucement, voulant éviter de le faire sursauter.

– Oh, salut Caroline! Que puis-je faire pour toi? s'écrie le jeune homme de cette voix aux accents troublants qui provoquent en elle la confusion la plus totale.

– Bien... J'ai une composition française à remettre demain matin et je ne suis pas prête. Je me demandais... si tu pouvais m'aider un peu. Je n'arrive pas à rendre mon texte vivant.

– Mais bien sûr, cela me fait toujours plaisir de te rendre service. Quel est le thème de cette rédaction? demande-t-il en tapotant d'un geste invitant la chaise vide qui se trouve près de lui.

– Les vacances de Noël, répond Caroline en s'assoyant timidement à côté de son oncle. Tu sais... j'aurais bien demandé à maman, mais, comme tu l'as sans doute remarqué, elle sort beaucoup ces temps-ci!

Bruno ferme son livre et fixe son regard sur sa jeune nièce. Comme toujours, l'insécurité affective de la jeune fille le rend mal à l'aise. Prudemment, mais d'une voix chaleureuse, il réplique:

– Serais-tu contre le fait que ta mère sorte un peu, Caroline?

– Bien sûr que non, proteste Caroline en rougissant, comprenant qu'elle vient de commettre une bévue. Je sais qu'elle travaille très fort et qu'elle mérite un peu de détente.

– Je suis heureux de te l'entendre dire, car c'est ce que je pense aussi, approuve Bruno l'air songeur.

– C'est juste que... j'ai toujours peur de te déranger, Bruno, explique la jeune fille en baissant les yeux.

– Tu sais bien que je suis heureux de t'être utile. Cela ne me dérange jamais. Il faut que tu comprennes que l'engagement de tes parents dans la vie communautaire est excellent pour leurs affaires. Cela leur permet de rencontrer des gens et d'élargir leur clientèle.

Caroline est très gênée par cette leçon de morale que lui sert son oncle. Elle s'en veut de se conduire de façon aussi maladroite en voulant se rendre intéressante.

– Je sais..., se contente-t-elle de répondre.

– Bon! Va chercher ton dictionnaire, et mettons-nous tout de suite au travail! lance son oncle. J'ai moi aussi des travaux à remettre demain.

Dès que Caroline a quitté le magasin, Bruno s'interroge – encore une fois – sur les sentiments qu'il éprouve pour sa nièce. À mesure que les jours s'écoulent, il prend graduellement conscience que cette jeune personne ne le laisse pas indifférent. Il sait qu'il n'a pas le droit de la convoiter de la sorte, mais c'est plus fort que lui. Son passé marqué par de mauvaises expériences l'a ancré dans des déviations sexuelles anormales pour un homme de son âge.

Ignorant les pensées que son oncle entretient envers elle, la jeune fille revient. S'assoyant à nouveau à côté de Bruno, elle lui remet sa rédaction française avec des gestes nerveux.

– C'est moche! amorce-t-elle, honteuse de lui présenter ce récit qu'elle juge sans valeur.

Sans perdre un instant, Bruno se met à lire. L'écriture fine de la jeune fille danse sous son regard attendri. Caroline a une façon toute délicate de dépeindre ses personnages qui l'émeut profondément. Il reconnaît facilement en eux ses frères et sœurs. Les lieux sont décrits de manière réaliste, de sorte qu'on a l'impression de faire un survol de son univers juvénile. Une émotion diffuse transparaît en toile de fond, ce qui permet au lecteur d'imaginer ce que peuvent représenter ces rencontres familiales pour l'auteure.

– Mais tu sais écrire, Caroline! ne peut s'empêcher de constater son oncle en souriant de satisfaction.

– Tu crois, mon oncle? laisse tomber Caroline d'une voix indéchiffrable, tellement elle est surprise de ce verdict.

– Évidemment!

Le regard de Bruno s'attarde sur la jeune fille. *«Mon Dieu! Quel sourire! Envoûtant! J'ai envie de lui donner un baiser... Et ce regard! Il m'embrase...»*, pense Bruno.

Mais il garde pour lui ses pensées, lesquelles s'égarent dangereusement. Il se reprend rapidement:

– Écoute, Caroline, j'apprécierais beaucoup que tu m'appelles Bruno lorsque nous sommes seuls tous les deux. Qu'en penses-tu? J'aimerais me sentir un peu plus proche de toi.

Caroline rougit délicieusement et baisse les yeux. Mais cela n'empêche pas un éblouissant sourire de venir illuminer son visage. Enfin, Bruno la considère comme quelqu'un digne d'intérêt.

— C'est d'accord! approuve-t-elle, les yeux soudainement très brillants.

— Et moi, je t'appellerai Caro... Je trouve ce diminutif charmant! Qu'est-ce que tu en penses?

— Ça me va... Bruno!

Le jeune homme éclate de rire, puis il ajoute:

— Sais-tu que tu souris d'une façon délicieuse, Caroline?

Le cœur de Caroline bat violemment dans sa poitrine. Autant de considération la rend subitement mal à l'aise, si bien qu'elle doit détourner son visage pour camoufler son trouble. S'en apercevant, Bruno lui lance:

— Tu n'es pas très bavarde, n'est-ce pas?

— Non! Ce n'est pas dans ma nature, répond-elle, d'une toute petite voix.

— Pourquoi?

Caroline hausse les épaules. Elle préfère ne pas élaborer sur le sujet. Bruno pressent qu'il l'intimide, ce qui lui octroie un grand pouvoir sur elle. Ce serait si facile de... *«NON!»*, se reprend-il, horrifié par le cours que prennent ses pensées. *Caroline est la fille de mon frère.*

Mais, inconsciente de l'effet qu'elle produit, sa jeune nièce continue de se mirer dans le regard fasciné de Bruno.

«Arrête de me regarder comme ça!» supplie intérieurement Bruno dans le secret de sa conscience. *«Tu me hantes!»*

– Je ne comprends pas ta réserve, poursuit-il, tentant de chasser ses pensées importunes. Habituellement, les filles de ton âge sont exubérantes et très volubiles, tandis que toi...

Embarrassée par cette réflexion, Caroline détourne à nouveau les yeux et répond franchement:

– Je n'y peux rien... Je suis faite ainsi, parvient-elle à articuler.

Un client, qui pénètre à cet instant dans le magasin vient briser le fil de la conversation. Après l'avoir accueilli, Bruno le sert promptement, et le client repart en chantonnant. Ce court épisode a cependant suffi à raplomber quelque peu la cervelle du jeune homme.

– Voyons, où en étions-nous? Ah oui! Ta composition. Elle est très bien écrite. Il te faut simplement remplacer quelques mots par d'autres plus intéressants. Regarde, par exemple, tu as employé deux fois le mot «merveilleux». Que pourrais-tu utiliser, à la place?

– «Fabuleux», peut être? répond Caroline. Un fabuleux repas!

– C'est ça, tu comprends très bien ce que j'essaie de t'expliquer. Je te suggère d'aller travailler seule pendant un bout de temps. Va à la cuisine et vois de quelle façon tu pourrais enrichir ton texte. Ensuite, je le réviserai. D'accord?

– Oui, s'empresse de répondre Caroline, déçue cependant que le jeune homme lui donne congé aussi rapidement. Elle aurait souhaité demeurer un peu plus longtemps auprès de lui.

Elle se lève doucement et quitte le magasin. Bruno en éprouve un grand soulagement. Enfin, il est libéré de l'emprise que sa jeune nièce exerce sur lui.

«*Je l'ai échappé belle!*» se dit-il en s'assombrissant.

CHAPITRE 17

Notre-Dame-du-Portage, le 4 juin 1959

Marie-Ange brosse consciencieusement sa longue chevelure. À l'aide de quelques épingles, elle rassemble cette masse abondante en un lourd chignon, qu'elle fixe sur sa tête tout en laissant échapper quelques mèches rebelles qui viendront encadrer son fin visage. Elle étudie attentivement son reflet dans la glace. Quelques rides se sont formées depuis qu'elle a atteint ses quarante-cinq ans, mais le constat n'est cependant pas trop alarmant. Elle paraît encore bien plus jeune que la moyenne des femmes de son âge. Elle sourit en songeant que si elle le voulait, elle pourrait encore faire le bonheur de beaucoup d'hommes.

Bien des veufs de la paroisse roucoulent en effet devant elle dans l'espoir d'obtenir ses faveurs. Même si ces petits jeux charmants sont flatteurs pour elle, un seul homme l'intéresse suffisamment pour qu'elle tente une démarche de séduction en règle. Il s'agit évidemment du beau docteur Hudon.

«*Qui d'autre peut se vanter de pouvoir soutenir la comparaison avec un tel homme?*» se dit Marie-Ange en éclatant de rire devant la légèreté de ses pensées.

L'épouse de David est décédée depuis maintenant neuf mois. Ce deuil, d'une durée respectable, s'avère suffisant pour que cet homme, plus qu'adorable, puisse songer à refaire sa vie. Il doit se sentir bien malheureux, sans personne à qui parler. Marie-Ange a l'ultime conviction que les hommes supportent beaucoup moins bien la solitude que les femmes.

La sollicitude manifestée par les gens du village à l'endroit du bon docteur ne doit pas suffire à combler le vide qu'a laissé Marie-Louise dans l'existence de ce brave homme.

Marie-Ange a laissé passer un peu de temps avant de poursuivre de ses assiduités l'élu de son cœur. Mais ce matin, en se levant, elle s'est dit que le moment était venu pour elle de mettre un terme à ses principes d'ordre moral, avant que d'autres femmes du village l'accaparent de trop près.

Confiante en ses charmes, Marie-Ange sort de la chambre d'un pas décidé, pour se retrouver nez à nez devant Marie-Berthe qui l'examine avec attention.

– Eh bien, grand-maman! On peut dire que tu es jolie! Où vas-tu de ce pas?

– Je vais rendre visite à un ami, répond évasivement Marie-Ange.

– Quel ami? demande Marie-Berthe, les yeux agrandis par la stupéfaction.

– Le docteur Hudon, Marie-Berthe, laisse tomber Marie-Ange d'un air qui se veut détaché.

Marie-Berthe affiche un sourire malicieux. L'idée que sa grand-mère puisse vouloir fréquenter un homme l'amuse beaucoup.

– Oh...!

– Que veut dire ce sourire, Marie-Berthe?

– Rien, grand-maman! Je t'assure... Rien du tout.

– Je compte sur toi pour demeurer sagement à la maison, Marie-Berthe. Regarde la télévision en mon absence!

– Est-ce que je peux inviter Francine?

– Oui, mais soyez sages toutes les deux. Je ne veux voir personne d'autre dans la maison que Francine, tu m'as bien comprise?

– Oui.

Marie-Ange fait mine de quitter la maison, mais Marie-Berthe l'arrête en disant:

– Grand-maman?

– Qu'est-ce qu'il y a encore? s'impatiente Marie-Ange qui n'a pas du tout envie de justifier sa sortie.

– Occupe-toi sérieusement du docteur Hudon! Parce que madame Labonté a des vues sur lui!

Marie-Ange éclate de rire, amusée par les sous-entendus de sa petite-fille. Elle se sent aussi légère de cœur qu'une adolescente.

– Petite futée, va!

Marie-Berthe lui tourne le dos pour se diriger droit vers le téléphone afin d'appeler son amie Francine.

Pendant ce temps, Marie-Ange quitte la route du fleuve dans sa vieille voiture et roule en direction du village. Arrivée à destination, elle vérifie de ses mains tremblantes sa coiffure dans le rétroviseur et grimpe l'escalier qui mène à la demeure du docteur Hudon. Elle s'arrête sur le pas de la porte, son cœur battant la chamade. S'armant de courage, elle sonne et attend qu'on vienne lui répondre.

David lui-même vient ouvrir. Un agréable sourire éclaire son beau visage lorsqu'il l'aperçoit.

– Marie-Ange! Quelle belle surprise! Je m'apprêtais justement à vous rendre visite. Vous m'avez devancé!

David examine attentivement la nouvelle venue. Marie-Ange lui semble alerte et fraîche comme une rose. Il en reste sans voix. Cette visite est providentielle pour lui. La perspective de fréquenter cette femme le remplit d'un bonheur extatique.

– Entrez, voyons! s'empresse-t-il de dire. Ne restez pas ainsi devant la porte!

Cet accueil chaleureux remplit Marie-Ange d'assurance. L'avenir lui sourira-t-il enfin?

CHAPITRE 18

Rimouski, le 16 juillet 1959

En cette nuit inconfortable de juillet, la chaleur est étouffante, ce qui est rare dans cette ville du bord de mer. Corinne et Philippe font l'amour.

Avec un bruissement léger, le petit rideau de dentelle blanche virevolte doucement, agité par la brise venant du large. Sur le parquet ciré de la chambre peinte dans des tons de bleu très doux, les couvertures se sont échouées, telle une masse de doux coloris.

Corinne soupire discrètement. Elle a usé de son subterfuge habituel, camouflant le plaisir ressenti lorsque son homme la prend ainsi, par surprise.

Philippe revient d'une réunion qu'il a qualifiée d'assommante. Mais Corinne ne le croit pas. Tous les prétextes lui sont devenus bons pour qu'il s'éclipse de la maison, la laissant se débrouiller seule au magasin. Heureusement qu'il leur reste l'amour physique pour les réunir de temps en temps.

Le plaisir gagne le corps et l'esprit de Corinne aussi sûrement qu'auparavant. Parcourue de soubresauts, elle s'agrippe au drap du lit pour dissimuler le plaisir intense qu'elle éprouve dans les bras de son époux.

Une fois apaisée, elle feint l'indifférence, et suit des yeux les mouvements de Philippe. Tout à coup, les mains de son mari viennent se poser sur ses hanches, l'enveloppant d'une fièvre nouvelle. Que se passe-t-il? On dirait qu'elle reprend vie, car une intense excitation déferle au creux de ses reins.

Faisant semblant d'ignorer ce que ressent sa femme, Philippe commence lui aussi à gémir faiblement. Ses sens se déchaînent et ses élans amoureux en deviennent violents, frénétiques.

Le sexe de Corinne se tend vers son amant, l'appelant en silence. Il se contracte dans un débordement de plaisir exacerbé par la passion soudaine de son partenaire.

Puis, le calme revient. Leurs corps repus d'un bien-être inavouable, ils se sentent horriblement gênés l'un vis-à-vis de l'autre.

Philippe se retire et roule à côté de Corinne. Perdu dans ses pensées, il contemple le plafond de la chambre tout en savourant la brise fraîche qui entre par la fenêtre et sèche tout doucement la sueur sur sa peau pendant qu'il retrouve peu à peu ses esprits.

Corinne lui tourne le dos, souriant de béatitude. Après avoir surmonté le malaise qui s'était installé entre eux, Philippe murmure:

– Je crois que je t'ai fait mal...

– Ce n'est pas grave..., répond Corinne, légèrement confuse en entendant cette question indirecte.

Elle sait qu'il sait. Mais elle lui est malgré tout reconnaissante de jouer le jeu de l'innocence.

– Je ne comprends pas ce qui m'a pris..., poursuit-il, malhabile, d'une voix très basse. Je ne pouvais plus me contrôler... et mes mouvements... enfin... je...

– Ce n'est rien, Philippe, je t'assure, répond Corinne, refusant de se tourner vers lui pour le regarder.

Si elle le faisait, cela romprait leur pacte de silence.

– Bon! Alors, bonne nuit, chérie! conclut Philippe, pressé d'en finir.

– Bonne nuit, Philippe!

* * *

Caroline se tourne et se retourne dans son lit. Les craquements provenant du lit de ses parents l'ont une fois de plus réveillée. Machinalement, elle consulte son réveil. Onze heures trente, et elle n'a plus sommeil.

Ses pensées vagabondes la conduisent vers Bruno, qui sera absent jusqu'à la fin du mois d'août. La maison est si triste sans lui. Elle maudit son grand-père Beaulieu d'avoir tellement insisté pour s'assurer de l'aide de son fils durant tout l'été.

Personne ne se soucie de ses besoins à elle depuis que Bruno n'est plus là. Et Caroline a encore de longues journées devant elle à se morfondre avant son retour.

Soupirant à fendre l'âme, la jeune fille se lève et entreprend de descendre l'escalier pour se rendre au cabinet de toilette qui est situé près de la chambre de ses parents. Le bruit de ses pas sur le plancher sort Philippe de la léthargie qui précède l'endormissement.

– Bon sang! C'est Caroline! s'exclame-t-il, soudainement apeuré.

– Que dis-tu? demande Corinne d'une voix ensommeillée.

– Je te dis que Caroline nous a entendus. J'en suis certain! Elle ne dormait pas encore!

– Philippe..., Caroline n'est plus une enfant, murmure Corinne doucement. Elle a quatorze ans maintenant.

Mais Philippe lui coupe la parole.

– Tu es folle! Elle n'est qu'une fillette! s'objecte-t-il.

– Philippe! tu as la mémoire bien courte, reprend Corinne en continuant de chuchoter. Rappelle-toi! À son âge, tu me reluquais déjà effrontément.

– Oui, mais... c'était différent!

– Ah oui? En quoi était-ce si différent? s'enquit Corinne, surprise, mais faisant des efforts pour cacher l'amusement soulevé par cette conversation.

– J'étais déjà un homme, parbleu! Alors que Caroline n'est qu'une toute petite fille, réplique Philippe plus fortement.

– Chut! Baisse le ton, Caroline va nous entendre!

Ce qui provoque un juron de la part de Philippe.

– De toute façon, tout cela n'est qu'illusion, et tu le sais très bien... Souviens-toi que les filles sont plus précoces que les garçons. Dors maintenant! Et cesse de t'en faire avec ça, veux-tu? tranche-t-elle, d'une voix ferme.

– La prochaine fois, je vais aller vérifier si elle dort, balbutie Philippe en soupirant. Je serai plus tranquille de cette façon.

Pour la première fois depuis la venue au monde de sa fille, Philippe se sent inquiet pour elle. Et si Caroline était aussi chaude que sa mère? Il préfère ne pas y penser...

Il dort très peu cette nuit-là.

CHAPITRE 19

Rimouski, le 22 août 1959

Lorsque le train fait enfin entendre son long cri strident, Bruno sait qu'il arrive à destination. Son cœur se met à battre plus fort dans sa poitrine, tandis qu'une nervosité subtile s'installe en lui. Ses mains tremblent lorsqu'il ramasse son sac de voyage. En moins de temps qu'il n'en faut pour le dire, il sort du train en cherchant du regard son frère Philippe.

Son pouls s'accélère encore davantage lorsque ses yeux rencontrent ceux de Caroline. Selon son habitude, la jeune fille rougit lorsqu'elle l'aperçoit.

Malgré l'accueil chaleureux que lui réservent Philippe et Corinne, son attention est tout entière dirigée vers sa jeune nièce.

«*Dieu qu'elle est belle!*» se dit-il en secret. Il toussote un peu, puis s'adresse à elle:

– Il me semble que j'ai quitté une fillette en juin dernier, et voilà que je me retrouve devant un mignon petit bout de femme... Comme tu as changé, Caroline!

Ce compliment fait rougir Caroline de plus belle, ce qui la rend encore plus délicieuse aux yeux de Bruno. Son corps commence à prendre les formes d'une femme attirante, séduisante. Ses grands yeux bleus, voilés par une timidité discrète, l'ensorcellent, tel un brasier de feu ardent. Ses longs cheveux brun foncé et ondulés laissent deviner un caractère fort, qu'elle s'applique constamment à masquer derrière une réserve feinte. Plutôt menue pour son âge, Caroline l'émeut jusqu'au fond de l'âme. Il sait qu'un jour, la personnalité de cette adolescente éclatera, et qu'il en jaillira une force qui étonnera tout le monde, en commençant par Philippe, son père.

À cent lieues d'imaginer les réflexions que Bruno entretient à l'endroit de sa fille, Philippe accueille son frère par une bonne accolade, ce qui oblige Bruno à revenir à des pensées plus terre à terre. Instinctivement, il se tourne vers Corinne et l'embrasse sur la joue en demandant:

– Comment vas-tu, petite belle-sœur?

– Merveilleusement bien, Bruno! Surtout maintenant, alors que je sais que tu es bel et bien de retour parmi nous.

– Moi aussi, je suis heureux de rentrer. J'ai hâte de me remettre à étudier, explique-t-il en faisant un clin d'œil complice à Caroline.

– Eh bien, rentrons à présent! s'exclame Philippe. Reprenons un cours de vie normal. Ces vacances n'en finissaient plus de finir!

Et c'est ainsi que le petit groupe venu l'accueillir à la gare entraîne Bruno vers la voiture de Philippe.

* * *

Janvier amène son lot de tristesse et de froid intense. La température vacille entre moins vingt-cinq et moins trente-cinq degrés centigrades. Le vent souffle, frigorifiant tout sur son passage et rendant les gens extrêmement frileux. Cela demande un véritable courage juste pour mettre le nez dehors quelques instants.

Bruno est enfermé dans sa chambre depuis le début de la soirée. Philippe lui a accordé un congé pour lui permettre d'étudier, disant que, de toute façon, il gardait le magasin ouvert par principe puisqu'il était assuré que sa clientèle préférerait se priver plutôt que de sortir par une température aussi glaciale.

Bruno est reconnaissant de l'attention que lui porte son frère. Mais ce soir, plus que tous les autres, ses pensées le transportent vers Caroline.

Il a beau s'interdire de songer à sa jeune nièce, c'est plus fort que lui. Depuis son retour en août, il a adopté le réflexe de fuir, s'écartant d'elle et ne lui adressant la parole que lorsque nécessaire. Mais rien, absolument rien ne parvient à diminuer l'intensité de son désir pour elle. Même que, depuis quelques mois, il épie tous ses faits et gestes. Dans sa détresse, il se persuade que quelqu'un, dans cette maison, va finir par s'apercevoir de son penchant pour la jeune fille. La peur et la culpabilité s'installent graduellement en lui, le rendant plus vulnérable que jamais.

Le bruissement que font les vêtements de Caroline, qui monte l'escalier tout en douceur, aiguise ses idées malsaines. Il dépose son livre de littérature sur son bureau et s'étend sur le lit en portant une attention accrue à ce qui se passe de l'autre côté de la cloison très mince de sa chambre.

Il l'entend retirer ses vêtements un à un. L'imaginer nue est devenu une obsession pour lui. Cette vision l'ancre dans une excitation fébrile qui ne le lâche pas un instant. Ses nuits sont perturbées par des rêves érotiques qui mettent sa patience à rude épreuve, le rendant agressif par moments. Mais c'est surtout la peur de se compromettre avec Caroline qui le hante. *«Ah! si seulement cette année d'université pouvait se terminer!»* songe-t-il en se cachant sous les couvertures.

CHAPITRE 20

Notre-Dame-du-Portage, le 10 octobre 1960

David Hudon fixe un point imaginaire sur le sofa de velours brun du salon. La maison a beau être immense, elle contient trop de souvenirs de sa défunte épouse, ce qui fait qu'il étouffe tranquillement dans ce confort rustique. L'idée de refaire la décoration l'effleure soudainement. Mais il repousse aussitôt cette pensée, se disant que cela ne masquerait en rien sa solitude.

En face de lui est assise Marie-Ange Gagnon. Cette femme d'une bonté et d'une beauté remarquables vient lui tenir compagnie de plus en plus souvent. Au fil des jours, elle a appris à écouter ses doléances sans intervenir, déployant une patience d'ange, comme le suggère si bien son nom. Près d'elle, il se sent étrangement vivant.

– Vous êtes veuf depuis plus de deux ans maintenant, David, amorce-t-elle, presque timidement.

Bien que cette phrase ait attiré l'attention de David, il ignore encore les intentions de son amie et il laisse le silence s'installer entre eux. Au bout d'un moment, il laisse tomber:

– C'est vrai! Depuis deux ans et un mois, pour être exact. Le temps a soulagé un peu ma peine, mais n'a pas pour autant atténué mon sentiment de solitude.

– Je sais tout cela, David..., mais vous devez vous dire que vous avez eu beaucoup de chance de vivre aux côtés d'une épouse aimante et affectueuse, comme seule a su l'être Marie-Louise pour vous. Vous, au moins, il vous reste de merveilleux souvenirs de votre vie de couple... Tandis que moi..., je ne peux même pas dire que Joseph me manque...

Elle se tait un bref instant, se sentant ridicule de sombrer ainsi dans la mélancolie. Mais elle n'y peut rien. Les épisodes sombres de sa vie refont continuellement surface, déclenchant en elle une amertume qui l'épuise chaque fois.

– J'ai honte de l'avouer, poursuit-elle mais... que voulez-vous, c'est ainsi!

Dans un geste fataliste, elle hausse les épaules et détourne le regard en ajoutant:

– Parfois même... je me sens soulagée par ce départ, confesse-t-elle, de plus en plus horrifiée par ses propos inavouables.

– Je suis désolé pour vous, Marie-Ange. J'oublie souvent que vous n'avez pas connu le grand amour auprès de Joseph. Et moi, je suis là à vous raconter sans cesse les mêmes histoires. Je suis un grand sentimental et je dois vous paraître bien ennuyant parfois.

– Ne croyez pas cela, David. Au contraire, je me sens... très proche de vous... achève-t-elle, gênée, fuyant le regard inquisiteur de David.

– C'est vrai ça, ce mensonge?

Marie-Ange sourit faiblement et répond:

– Puisque je vous le dis!

David soupire pendant qu'un sourire ravi se dessine sur ses lèvres à cause de ce qu'il vient d'entendre.

– Joseph ne vous méritait pas, constate-t-il. En tentant de vous convertir en épouse soumise, il a commis une grave erreur. Vous... qui êtes aussi légère qu'une brise à peine perceptible dans une nuit torride d'été. Vous qui êtes une femme aussi agile et aussi souple qu'un oiseau volant de branche en branche en quête de liberté. Aussi orgueilleuse qu'une rose poussant parmi les orties, qui s'impose par sa fraîcheur et sa grande beauté... Oh! pardon! Voilà où me conduit mon esprit sentimentaliste. Je m'en excuse.

Marie-Ange rit maintenant franchement, une pointe d'excitation se frayant un chemin dans son cœur. Devinant que le beau docteur n'est pas aussi indifférent à sa personne qu'elle pouvait le penser, elle s'exclame:

– Ne vous excusez pas! C'est charmant ce que vous venez de me dire là. Bien que... si vous continuez ainsi, je vais finir par croire que vous êtes amoureux de moi!

Mais elle regrette aussitôt cette phrase qui la laisse rougissante comme une toute jeune fille. Son impulsivité vient peut-être d'éloigner d'elle cet homme attirant.

– Et si c'était la vérité? réplique-t-il dans un doux murmure. Cela ne vous a jamais effleuré l'esprit que je puisse être amoureux de vous?

Marie-Ange capte alors le regard de cet homme aimé en secret, cherchant à découvrir s'il est véritablement sérieux dans ses propos. Un fol espoir surgit du fond de son être. Elle n'ose croire les mots qu'elle vient d'entendre.

– À vrai dire, je le souhaite, David..., risque-t-elle, et depuis fort longtemps.

Un silence lourd de promesses se loge tout doucement entre eux, chacun semblant méditer sur la suite de la conversation.

Quittant son fauteuil, David vient rejoindre Marie-Ange, qui n'ose respirer tant elle se sent confuse.

– Réalisez-vous ce qui se passe entre nous, ma douce amie?

– Oui, acquiesce-t-elle, d'une voix rendue rauque par la tension que crée le désir de le voir si proche d'elle.

– Dois-je comprendre que je vous plais, Marie-Ange? insiste David d'une voix plutôt taquine.

Pudiquement, elle baisse les yeux et passe une main tremblante sur un repli de sa robe de lainage.

– Oui... je vous désire... David. J'ai de la difficulté à l'avouer, mais... mon attirance remonte au premier instant où je vous ai rencontré chez mon gendre et ma fille.

– Oh...

– C'est idiot, provenant d'une femme de mon âge, n'est-ce pas? s'empresse-t-elle de souligner.

– Je dirais au contraire que c'est très flatteur pour moi, la rassure David, en tendant une main vers son visage afin de l'obliger à le regarder dans les yeux.

Leurs souffles se rencontrent pendant quelques instants. Brisant le premier le silence, David poursuit:

– Savez-vous que j'ai envie de vous embrasser depuis le premier instant où je vous ai vue, ici même à Notre-Dame-du-Portage?

Et il l'attire à lui en la prenant délicatement par les épaules.

– J'ai du mal à croire que vous vouliez vraiment de moi..., murmure-t-il en déposant un baiser léger comme la brise sur les lèvres de Marie-Ange.

Mais Marie-Ange le repousse doucement et se lève du fauteuil pour pouvoir mieux l'envisager.

– Un moment, David. Avant de poursuivre cet échange... plutôt intime..., j'ai besoin de savoir quelque chose d'important en ce qui vous concerne.

– Quoi donc, ma douce?

– Bien... Il... s'agit de votre vie sexuelle...

– Quoi?

Consciente de se montrer maladroite, Marie-Ange passe une main tremblante sur son chignon avant de reprendre:

– J'ai connu une vie sexuelle très frustrante avec mon époux... Alors... j'ai besoin de savoir si vous... êtes... enfin... vous savez ce que je veux dire!

Comment être plus claire, plus explicite dans ses besoins? David n'en revient pas de l'audace de cette femme. Elle a le don de le déconcerter totalement.

– Vous désirez savoir si j'aime faire l'amour?

Marie-Ange sursaute devant cette question formulée de façon aussi franche.

– Oui...

– Marie-Ange! Vous me déroutez!

– Dites plutôt que je vous choque!

– C'est une affaire personnelle, en effet.

– Et vous n'avez aucune intention de me répondre, n'est-ce pas?

Avec un sourire désarmant, David répond:

– Laissez-moi vous démontrer... que je saurai vous embrasser avec passion.

Un bonheur immense s'empare de Marie-Ange. David la désire. Que demander de plus à la vie?

David resserre son étreinte. La chaleur de ce corps invitant lui coupe le souffle.

Marie-Ange sent la fièvre la gagner violemment. Se sentant subitement devenir audacieuse, elle se rapproche dangereusement de lui et lui encercle le cou de ses deux bras. D'une voix enjôleuse, elle murmure:

– J'attends beaucoup plus de vous qu'un simple baiser, David...

Il la regarde, n'osant y croire. Mais déjà il s'attaque aux longues épingles de sa chevelure, les lui retirant une à une. Une cascade de boucles brunes striées de quelques cheveux argentés déferle sur les épaules de cette femme ravissante et délicieusement féminine.

– Vous ai-je déjà dit combien je vous trouvais séduisante?

– Si, une fois, répond-elle timidement, malgré l'assurance qu'elle essaie de démontrer.

– Vos cheveux sentent bon et ils sont doux comme la soie. J'ai... très envie de vous... chuchote David contre son oreille.

Ce disant, il entrelace ses cheveux entre ses doigts et les caresse en silence avant de les humer encore une fois. Si souvent il a rêvé de ces moments d'intimité.

– Allons dans la chambre d'amis, propose-t-il en soulevant Marie-Ange de terre.

Elle se contente de lui sourire, les yeux brillants d'excitation. Rendu à destination, il la dépose par terre et l'embrasse passionnément. À bout de souffle, Marie-Ange demande, avec un timbre de voix qu'il n'a jamais entendu:

– Aurai-je droit au plaisir, David?

– Marie-Ange...

Elle l'attire à elle de ses deux bras avides d'amour et pose ses lèvres sur les siennes. Ce baiser pénétrant constitue la réponse à sa question. David l'accueille avec fièvre et lui communique aussitôt son ardeur.

– Jamais je n'ai désiré une femme autant que vous, Marie-Ange, murmure-t-il d'une voix vibrante. Pas même Marie-Louise...

Les courbes du corps de cette femme le frôlent délicieusement, achevant de l'envoûter. Ses réserves naturelles tombent comme par magie. Tout doucement, ils se laissent tous les deux entraîner par le tourbillon de leurs sens exacerbés par leur désir inassouvi.

N'en pouvant plus, David renverse Marie-Ange sur le lit et l'emprisonne sous son corps. Pressée de sentir sa chaleur contre elle, la femme de ses rêves commence à lui retirer ses vêtements. Excité, David reprend ses lèvres insatiables, et ensemble, ils roulent sur le lit.

À son tour, David détache les quelques boutons qui retiennent le corsage de la femme aimée et caresse presque avec idolâtrie sa poitrine encore recouverte d'une légère combinaison de soie.

Marie-Ange ferme les yeux, s'abandonnant à ces caresses voluptueuses.

D'une voix amoureuse, David murmure:

– Je crois... que nous devrions nous marier immédiatement... sans plus attendre, Marie-Ange...

Marie-Ange comprend qu'il est séduit. Rassurée, elle dit:

– Chut! Cela peut attendre quelques jours. Avant, je veux vivre entre tes bras, David... Tout de suite, à l'instant même...

– Que veux-tu dire? Tu me fais peur, ma douce!

– Je veux savoir si tu accepteras ma passion et si tu toléreras que je puisse éprouver du plaisir.

– Voyons, Marie-Ange! Quelle question! Rien ne me rendrait plus heureux que de savoir que tu puisses éprouver de la jouissance entre mes bras.

– Tu ne me connais pas, David! J'ai envie d'une relation où il n'y aura aucune entrave à mes désirs ni aux tiens. Je veux tout de toi... Tout ce qui m'a été refusé jusqu'à ce jour. Tu comprends?

– N'ajoute plus rien..., la supplie-t-il en l'embrassant.

Marie-Ange s'enflamme aussitôt et s'affaire à lui retirer sa chemise. Avec des gestes amoureux, elle caresse son torse et l'entend gémir contre elle.

– Tu me rends fou, Marie-Ange...

– Tu ne me connais pas, David...

– Je te devine, mon amour..., murmure-t-il entre deux baisers, et je sais que tu ne m'accorderas aucun instant de répit... Le jour comme la nuit, je te promets d'être ton esclave jusqu'à ma mort... murmure-t-il entre deux baisers.

– Ne parle pas ainsi... je te veux vivant et heureux pour toujours entre mes bras...

David lui tend alors la main pour l'aider à sortir du lit, puis il retire son pantalon et ce qui lui reste de vêtements. Marie-Ange en fait autant, avec des gestes audacieux et sensuels. Lorsqu'ils sont enfin nus tous les deux, ils se regardent comme seuls des amants savent le faire. David l'attire à lui et ils se laissent de nouveau choir sur le lit.

– Je t'aime, David! crie Marie-Ange, en savourant les caresses voluptueuses que cet homme prodigue à son corps tendu vers lui.

– Je t'aime aussi, ma douce...

– Je veux te sentir en moi... Maintenant!

– Tes désirs sont des ordres, mon amour...

Le plaisir s'empare alors des sens de Marie-Ange, avec une force jamais connue jusqu'à ce jour. Elle crie et pleure tout à la fois. Puis elle enfouit son visage ruisselant de larmes dans le cou de son amant, sachant que David est bien l'homme qu'elle espérait depuis toujours.

CHAPITRE 21

Rimouski, le 15 octobre 1960

Quelque chose de nouveau se passe dans la vie de Caroline. Quelque chose qu'elle ne comprend pas très bien. Depuis quelques minutes, la main de son oncle Bruno se balade sur sa cuisse, s'infiltrant sous sa jupe, cherchant un endroit chaud où se nicher, alors qu'il semble entièrement pris par la partie d'échecs qu'ils sont en train de jouer. Caroline n'ose bouger, ni même respirer tant elle se sent troublée.

– C'est à toi, Caro, joue! lui lance son oncle en souriant, complètement indifférent à son malaise.

– Je n'arrive pas à me concentrer, répond-elle, le feu aux joues, fiévreuse et incertaine vis-à-vis de son oncle.

– Peut-être n'aimes-tu pas que je te caresse ainsi? s'étonne Bruno, à mi-voix, sans doute pour être sûr que personne ne l'entende.

– Je ne le sais pas trop, mon oncle... C'est que...

À cet instant, Corinne fait son entrée dans le salon, interrompant leur échange confus. Bruno retire vivement sa main, et tous deux affichent un air coupable.

– Encore les échecs! s'écrie Corinne en riant, inconsciente de ce qui se trame sous son propre toit. Vous êtes tous les deux vraiment mordus de ce jeu!

– Mais c'est un jeu passionnant, Corinne! s'empresse de dire Bruno, voulant empêcher Caroline de parler.

– Ce n'est pas... plutôt masculin comme jeu? avance prudemment Corinne.

– Voyons, Corinne! On n'est plus en 1930! s'exclame Bruno, amusé par cette réplique. Dorénavant, les filles ont droit aux mêmes jeux que les garçons. Il faut suivre l'évolution de la femme, petite belle-sœur! ajoute-t-il en ricanant nerveusement.

– Quoi qu'il en soit, Caroline, tu devrais monter te coucher, la presse Corinne. Il est plus de neuf heures!

Caroline se trouve dans un état méditatif profond. Elle ne sait pas si elle doit être déçue ou heureuse de l'intrusion de sa mère. Adoptant un air de petite fille soumise, elle acquiesce:

– Bien, maman! Bonne nuit, mon oncle Bruno!

– Bonne nuit, Caroline! répond celui-ci sans oser la regarder.

Et elle disparaît silencieusement de la vue de Bruno et de Corinne. Cette dernière en profite pour épancher un peu son cœur.

– Ne trouves-tu pas que Caroline a beaucoup changé, Bruno?

Bruno toussote légèrement. Corinne se douterait-elle de quelque chose? Il répond néanmoins, sur un ton prudent:

– Je crois qu'elle vieillit... et c'est normal.

– Oui, mais... elle est si sage.

– En effet! Trop sage, si tu veux mon avis! Elle est toujours seule... Je ne lui connais aucun copain. Pourtant, elle serait en âge de fréquenter les garçons.

– C'est vrai, concède Corinne. Elle reste toujours dans son coin. En tout cas, je te remercie Bruno de l'intérêt que tu lui portes. Philippe est si loin d'elle... C'est à peine s'il remarque sa présence.

– Je m'en suis rendu compte réplique Bruno en soupirant. Pourquoi est-il si distant vis-à-vis d'elle?

– Si je le savais! répond évasivement Corinne. Le pire, c'est que je sens bien que Caroline a besoin de lui... Pas toi?

– Cela me paraît évident... Mais en as-tu déjà discuté avec Philippe? Peut-être y a-t-il une raison pour qu'il se tienne aussi loin de sa fille.

Corinne soupire, le vague à l'âme. Elle a retourné cent fois toutes ces questions dans sa tête.

– Chaque fois que j'essaie de lui en parler, Philippe s'empresse de détourner la conversation, confesse-t-elle. J'imagine qu'il ne sait pas lui-même la raison de son attitude. Je me sens souvent coupable à cause de cela.

– Pourquoi? questionne Bruno, surpris par cette réflexion qui lui paraît tellement illogique.

– Oh! tu sais... cela fait des années que j'espère lui donner un fils... qui ne vient pas... Peut-être Dieu en a-t-il décidé autrement pour nous.

Ce disant, elle essuie une larme qui roule sur sa joue, déçue de laisser ainsi paraître son émotivité.

Peu habitué aux épanchements, Bruno détourne les yeux en faisant remarquer:

– Tu en souffres beaucoup, n'est-ce pas?

– Oui... reconnaît Corinne en se levant pour aller chercher un papier-mouchoir.

– On ne connaît pas l'avenir, Corinne..., reprend Bruno, mal à l'aise devant le chagrin de sa belle-sœur. Peut-être vous réserve-t-il des surprises?

– C'est probablement cela. Excuse-moi, Bruno. J'ai un peu le cafard ce soir. Je regrette de t'avoir embêté avec mes histoires. Je vais à l'instant me retirer pour aller dormir. J'en ai grandement besoin, je crois. Philippe ne tardera pas à rentrer, de toute façon. Bonne nuit! termine-t-elle en se levant de son fauteuil.

– Attends un peu! l'arrête aussitôt Bruno. Je voulais justement te parler à ce sujet...

– Quoi donc, Bruno?

Bruno hésite. Pourquoi cherche-t-il à intervenir dans les affaires de son frère? La réponse est simple, pense-t-il. Il éprouve de la pitié pour sa petite belle-sœur.

– Excuse-moi de me mêler de ce qui ne me regarde pas, mais... je trouve que Philippe te laisse un peu trop souvent seule le soir. Pourquoi ne sort-il pas avec toi de temps en temps?

Corinne hausse ses frêles épaules et répond, mélancolique:

– Philippe a parfois besoin de se détendre. Vois-tu, il est enfermé ici du matin au soir, et il a de nombreuses responsabilités avec le commerce, tente-t-elle de l'excuser, sans trop y croire.

– Toi aussi, il me semble! ne peut s'empêcher de désapprouver Bruno. Je trouve que tu acceptes cette situation un peu trop docilement.

– Tu es bien jeune, Bruno... Plus tard, tu comprendras par toi-même que la vie se charge de nous enseigner très tôt la soumission.

– Je ne pense pas ainsi Corinne. J'estime plutôt que nous devons réinventer chacun des jours de notre vie et...

Corinne le fait taire en s'approchant de lui. Affectueusement, elle glisse ses doigts dans la belle chevelure foncée et abondante du jeune homme.

– Pauvre Bruno! s'exclame-t-elle. Vis ce que tu as à vivre présentement et ne te tracasse surtout pas inutilement. Tu as bien le temps d'apprendre tout cela. Je ne suis pas si à plaindre que ça, après tout! J'ai un bon mari et une fille que j'adore. Je ne manque de rien. La vie m'a plutôt gâtée quand j'y pense... Tu vois, plus j'y songe, et plus je me dis que le bonheur n'existe pas sur la terre. Nous ne sommes que des pions... sur un échiquier.

– Tu es amère, Corinne. Je crois que tu devrais prendre des vacances et t'éloigner d'ici pendant quelque temps. Le temps de t'apercevoir que la vie vaut plus que ce que tu en penses présentement. Écoute... pourquoi n'irais-tu pas à Québec rendre visite à ta sœur Rose?

– Tu es fou! Comment pourrais-je seulement penser pouvoir laisser Philippe seul avec toutes les responsabilités du magasin?

– Philippe n'est pas seul. Je suis là, et Caroline aussi est là. Je suis certain que nous arriverons à nous débrouiller sans toi, du moins pour quelques jours. Nous ne sommes plus des enfants.

– Tu es très gentil, Bruno. Je sais que tu as un grand cœur et que tu désires réellement m'aider, mais, vois-tu, je ne peux vraiment pas laisser toute cette charge à Philippe.

– Je crois, moi, que tu ne lui fais pas assez confiance... Philippe est bien plus capable que tu ne le crois.

Corinne sourit amèrement, puis elle tourne le dos à son beau-frère.

– Bonne nuit, Bruno! Je vais réfléchir à tout cela.

– Bonne nuit, Corinne!

Bruno reste assis dans le salon avec ses réflexions, constatant que la situation devient dangereusement instable. Il est profondément dégoûté de lui-même. Il se lève et va brancher la bouilloire, car il veut se préparer un café, lequel, il le souhaite, l'aidera à se ressaisir quelque peu.

Au même moment, Philippe entre dans la maison.

– Salut frérot! s'écrie-t-il en apercevant Bruno.

– Salut, Philippe! Tu rentres bien tôt ce soir?

– Oui! Cette réunion était plutôt assommante, et je ne te dis pas à quel point je m'endormais. J'ai prétexté un malaise pour m'échapper et venir me coucher. Et toi, tu ne dors pas?

– Non, j'envisageais de monter dans ma chambre pour étudier, répond le jeune homme en souriant. Un café bien fort devrait m'aider à ne pas cogner des clous.

– Alors, bonne nuit!

– Bonne nuit, Philippe!

Arrivé en haut de l'escalier, Bruno se fait le pied léger afin de ne pas réveiller Caroline. Il s'assoit dans sa berceuse, dépose sa tasse de café fumante sur son bureau et ouvre son livre de littérature afin de s'évader un peu et de ne plus penser à la jeune fille.

Une heure plus tard, il ferme son bouquin en s'étirant paresseusement. Il se déshabille et s'étend sur son lit, soudainement fatigué. Il est presque assoupi lorsqu'il entend prononcer son nom. Tendant l'oreille, il perçoit un sanglot provenant de la pièce voisine. Il comprend que c'est Caroline qui pleure ainsi et retient son souffle. Une folle envie d'aller la rejoindre pour pouvoir la consoler le saisit, le laissant embrouillé dans ses émotions. Enfin, il se lève silencieusement, enfile son pantalon et se glisse sur la pointe des pieds jusque dans la chambre de Caroline. Il allume la lampe de chevet qui se trouve sur la commode, près du lit. Un jet de lumière blanchâtre illumine aussitôt la pièce. Il n'ose bouger, ni même prononcer son nom.

Caroline pleure en dormant. Emmêlée dans ses couvertures, elle semble se débattre contre d'éventuels fantômes. Pendant qu'elle gémit et lutte, elle tire sur sa chemise de nuit et dévoile un de ses seins au regard avide de Bruno.

Le désir gagne rapidement le jeune homme. Il voudrait la serrer dans ses bras, mais l'interdit qui frappe un tel geste l'empêche de le poser. S'avançant doucement la main, il touche la poitrine de la jeune fille endormie. Aussitôt retentit un cri qui le glace complètement. Le bruit d'une porte s'ouvrant violemment lui provient du rez-de-chaussée. Des pas s'avancent dans la cuisine. Bruno se lève, éteint la lumière et sort de la pièce en coup de vent pour réintégrer sa chambre en ravalant un sanglot.

Les pas se font plus lourds. Corinne grimpe les marches de l'escalier deux à deux et se retrouve rapidement dans le couloir. Bruno doit se reprendre et vite. Il s'oblige à ressortir de sa chambre pour aller à la rencontre de Corinne.

– Qu'est-ce qui se passe? demande-t-elle.

– Je ne sais pas, répond-il. J'ai entendu Caroline qui pleurait et criait. J'ai vite enfilé mon pantalon pour aller voir ce qui se passait et je t'ai aperçue en haut de l'escalier... Alors, j'ai attendu que tu ailles voir...

Corinne franchit la porte qui la sépare de sa fille. Celle-ci est réveillée et lui tend les bras.

– Maman, quelqu'un m'a touchée.

– Voyons, chérie, tu as fais un cauchemar.

La jeune fille pleure à chaudes larmes. Bruno demeure sur le pas de la porte, hésitant à partir. Son cœur bat la chamade.

– Calme-toi, chérie, murmure Corinne en berçant sa fille contre son cœur. Raconte-moi ton rêve.

– Une horrible bibite à deux têtes me poursuivait... hoquette Caroline à travers ses pleurs. Je réussissais à me sauver, mais tout à coup, elle m'a mordu... la poitrine... achève-t-elle en gémissant de plus belle.

– Ne crains rien, chérie, je suis là. Calme-toi à présent, ce n'est qu'un cauchemar.

– Reste avec moi, maman.

– C'est d'accord, Caroline. Je vais dormir avec toi cette nuit, la rassure sa mère. Ne crains rien.

Bruno sort doucement de la pièce et regagne sa chambre, complètement bouleversé. Jusqu'ici, il a bien maîtrisé la situation. Mais maintenant, il n'est plus sûr de rien...

CHAPITRE 22

Notre-Dame-du-Portage, le 1er novembre 1960

Marie-Ange est dans un grand état d'excitation, car elle a reconnu l'écriture de Corinne sur l'enveloppe de la lettre qu'elle vient de recevoir. Elle se dépêche de l'ouvrir pour se plonger dans son contenu. Sa fille lui fait part de son désir de se rendre à Québec pour visiter sa sœur Rose et lui demande l'hospitalité pour cette occasion. Cette idée enchante Marie-Ange et elle se tourne vers David pour lui annoncer l'heureuse nouvelle.

Ce dernier sirote son thé à petites gorgées lorsque Marie-Ange atterrit sur ses genoux. Le liquide ambré fait quelques vagues dans la tasse et menace de se répandre sur les cuisses du beau docteur.

— Oh! Excuse-moi, David, j'ai failli te brûler.

— Marie-Ange, ô Marie-Ange! s'exclame-t-il en riant. Tu es comme une petite fille, toujours en train de t'installer sur mes genoux.

– C'est parce que je t'aime tant... murmure Marie-Ange en prenant sa tasse et en la déposant sur la table afin de l'embrasser.

– Arrête! Marie-Berthe pourrait rentrer d'un instant à l'autre, et je ne suis pas sûr qu'elle pourrait comprendre que sa grand-mère se comporte comme une adolescente.

– Tu as raison, David. Il faudrait que j'apprenne à être plus raisonnable, même si, au fond de moi, je n'en ai pas du tout l'intention, chuchote-t-elle contre l'oreille de son amant.

– Qu'est-ce qui t'excite encore cette fois?

– C'est Corinne. Elle m'écrit pour m'annoncer qu'elle viendra coucher ici le 15 novembre prochain. Nous pourrions en profiter pour lui annoncer notre mariage. Qu'en dis-tu, David?

– C'est une merveilleuse idée!

Satisfaite, Marie-Ange se love contre lui, en lui susurrant à l'oreille:

– Tu ne regrettes rien pour nous, David?

– Qu'aurais-je à regretter, ma douce? Entre tes bras, j'ai l'impression d'avoir rajeuni d'au moins vingt ans.

Marie-Ange rit doucement en entendant cette répartie flatteuse. Depuis qu'ils se sont avoué leur amour, elle éprouve l'agréable impression de flotter sur un beau nuage. Jamais elle n'aurait cru qu'un si grand bonheur fût possible.

– Tu as brisé bien des cœurs en faisant publier les bans, mon amour, poursuit-elle, le cœur débordant de tendresse.

– Tu crois? demande-t-il, feignant l'ignorance.

– Hum!... tu le sais très bien, mon beau docteur, que toutes les veuves du village sont à tes trousses.

David éclate d'un rire franc.

– Mais cela m'amuse, ma belle muse! réplique-t-il en la serrant d'encore de plus près.

– Évidemment, toi, ça t'amuse! Mais, pour moi, les conséquences sont fâcheuses. Figure-toi que madame Sirois me boude depuis le jour où elle a appris que nous allions nous marier et que madame Michaud fait un détour lorsque je la rencontre, pour ne pas avoir à me saluer.

David rit maintenant de bon cœur.

– Toutes deux auraient dû savoir qu'elles n'étaient pas de taille à rivaliser avec toi, Marie-Ange Gagnon!

– Tu es un vilain flatteur, David Hudon! Et ça me plaît énormément, réplique-t-elle amoureusement.

– Ah! Mais je suis sincère, affirme-t-il sur le ton du séducteur affranchi. Il n'y a pas de plus belle veuve à deux cents milles à la ronde!

Marie-Ange esquisse une petite grimace avant de poursuivre:

– Te rends-tu compte, David Hudon, que nous vivons tous les deux dans le péché?

– Délicieux péché, mon amour..., constate-t-il en l'embrassant fougueusement.

– Et...

Il s'arrête alors de parler pour mieux s'appliquer à la tâche qu'il vient d'entreprendre et qui consiste à couvrir sa maîtresse de fiévreux baisers.

– Et...

– Et je ne m'en fais pas trop à ce sujet... Le curé Rioux s'empressera très certainement de nous donner l'absolution, et ce, le plus rapidement possible si j'en juge par le zèle qu'il déploie à vouloir nous marier.

– C'est vrai, répond-elle entre deux baisers. Il a tellement à cœur de sauver les âmes de ses paroissiens. Il ne nous refusera pas cela... j'en suis moi aussi convaincue.

– David...

– Oui, chérie...

– Que dirais-tu si, pour notre voyage de noces... nous allions visiter les vieux pays? lui demande-t-elle en entrecoupant ses phrases de doux baisers.

– Je te suivrai jusqu'au bout du monde, mon amour...

À cet instant, la porte s'ouvre. Marie-Ange bondit des genoux de son amant et s'empresse de replacer son chignon légèrement défait pendant que David toussote en apercevant Marie-Berthe sur le pas de la porte. La jeune fille affiche un sourire amusé à cause de la scène qu'elle vient de surprendre.

– Eh bien, dites donc, j'arrive au mauvais moment! lance-t-elle en guise de bonjour.

– Marie-Berthe! Tu devrais frapper avant d'entrer, l'apostrophe Marie-Ange sur un ton de colère feinte.

– Frapper pour rentrer chez moi? Quelle idée! se moque la jeune fille qui s'amuse follement de la situation.

– Marie-Berthe a raison, chérie. Nous devrions être plus prudents dans nos démonstrations d'affection, sourit David en adressant un clin d'œil complice à sa future petite-fille.

– David! Mais cette enfant n'a que douze ans, réplique Marie-Ange en rougissant.

– Elle est en âge de comprendre ce qui se passe entre nous, s'objecte David.

– Mais...

Marie-Berthe se dirige vers le docteur Hudon pour lui confier:

– Vous êtes le grand-père le plus compréhensif que je connaisse, David!

Horrifiée par la légèreté des propos que tient sa petite-fille, Marie-Ange s'exclame:

– Marie-Berthe, sois polie, je t'en prie!

– Laisse tomber, Marie-Ange, l'enjoint David. Cette enfant est charmante, et j'aime bien qu'elle m'appelle David.

Marie-Berthe rend à David son clin d'œil. Comme tout le monde au village, elle aime le docteur Hudon et elle est heureuse que sa grand-mère ait réussi à conquérir son cœur.

CHAPITRE 23

Québec, le 17 novembre 1960

Depuis deux jours, Corinne rend visite à sa sœur tous les avant-midi. La maison de repos grouille de monde à cause du va-et-vient incessant du personnel médical. Corinne ne cesse d'étudier la physionomie de la malheureuse Rose. Son visage sans expression, ses yeux sans vie et ses cheveux grisonnants retenus par un sévère chignon contribuent à renforcer l'image austère de cette femme que Corinne a perdue de vue depuis de nombreuses années.

La chambre, peinte en blanc et décorée avec soin par Marie-Ange au cours de ses nombreuses visites, est rutilante de propreté. Corinne pense cependant qu'elle deviendrait folle si elle devait, jour après jour, habiter dans un lieu pareil.

La jeune femme est sidérée de constater combien sa sœur paraît vieillie pour ses trente-huit ans. Trente-huit ans! Ce n'est pourtant pas un âge où une femme devrait avoir une apparence aussi terne et affadie.

Pauvre Rose! se dit Corinne en réprimant un sanglot de pitié, qui s'est logé tout au fond de sa gorge. Et elle se met à lui parler tout doucement tandis qu'une amertume profonde s'installe en elle.

Un monologue à voix haute débute. Corinne raconte à sa sœur comment sa vie est devenue une perpétuelle routine, avec des désillusions survenant à chaque instant. Machinalement, elle se met à se raconter à Rose, comme si elle avait devant elle son propre reflet.

Pendant deux longues heures, elle poursuit son monologue, en versant parfois quelques larmes de dépit. Mais Rose ne montre aucun signe de lucidité. Elle fixe un point imaginaire, quelque part sur un des murs de la chambre, sans manifester la moindre émotion.

* * *

Quelques heures plus tard, Corinne se retrouve assise dans un restaurant agréable, en train de déguster son repas du midi. Elle savoure ces quelques moments si rares de solitude. Il est bon de se laisser gâter ainsi par la vie. Être enfin servie par les autres, ne pas tenir compte du temps qui s'écoule, briser la routine du quotidien, avec un brin de folie au fond du cœur, voilà des choses qui la comblent.

Tandis qu'elle mange son repas à petites bouchées, elle remarque la présence d'un homme assis à une table voisine, qui ne cesse de jeter des coups d'œil dans sa direction. Elle s'accorde quelques instants pour le contempler. Il s'agit d'un homme fort séduisant, âgé de trente-six ou de trente-sept ans, peut-être davantage. En tout cas, au goût de Corinne, il possède un charme indéniable.

Des yeux bruns, une mâchoire puissante et carrée, des épaules solidement bâties, il est vêtu avec raffinement, ce qui achève de séduire Corinne.

Voyant qu'elle le remarque, l'inconnu se lève et vient à sa rencontre. Éberluée devant l'audace de cet homme, la jeune femme rougit comme une collégienne et détourne aussitôt le regard. Ne sachant trop comment réagir, elle s'attaque à son dessert, afin de se donner une contenance et de se soustraire au regard dévorant de cet homme.

— Bonjour, je me nomme Pierre Langlois, amorce-t-il, sûr de lui-même, et vous?

Corinne n'en croit pas ses oreilles, mais elle parvient à répliquer:

— Je crois qu'il y a erreur sur la personne, monsieur... Je ne vous ai pas invitée à ma table.

À cet instant, un serveur s'approche et demande:

— Désirez-vous autre chose, madame?

— Oui! Apportez-moi un autre café. Bien fort, cette fois! répond Corinne, feignant l'assurance.

— Bien, madame! Et pour vous monsieur?

— Une crème de menthe, commande avec aisance ce dernier, tout en enveloppant Corinne d'un regard de convoitise.

Le serveur les laisse seuls, et Corinne éprouve l'envie de hurler. Elle ne sait quelle attitude adopter pour décourager ce grossier personnage.

– Vous n'êtes pas d'ici, n'est-ce pas? continue l'inconnu avec la voix rauque d'un séducteur expérimenté.

– Qu'est-ce qui vous fait penser une chose pareille? s'informe Corinne, surprise par la perspicacité de son interlocuteur.

– Vous sembliez tellement savourer ces instants que je me suis dit que vous deviez être en vacances ou quelque chose du genre, répond ledit Pierre Langlois.

– Vous avez deviné juste. J'avais besoin de me perdre dans la foule anonyme pour trouver un peu de solitude, répond Corinne en souriant, savourant à l'avance l'effet que produirait cette remarque sur cet homme agissant avec tant de sans-gêne.

Mais voilà qu'il l'examine effrontément, sans aucune pudeur. Il est aussi sûr de lui qu'un paon qui, avec sa chatoyante livrée de bleu et de vert, déploie sa queue de plumes ocellées, afin de séduire la femelle de son choix. Cette pensée incongrue fait rougir à nouveau Corinne et lui fait détourner le regard.

– Vous rougissez délicieusement... madame...? fait l'inconnu d'un ton inquisiteur.

– Je n'ai pas l'intention de vous dire mon nom, monsieur. Et pendant que je suis encore polie, je veux vous faire savoir que vous devriez retourner à votre table.

L'homme tasse son corps au fond de sa chaise en ricanant tout doucement, car la réaction de la jeune dame l'amuse. Se reprenant, il réplique sur un ton des plus sensuels:

– Je sais que vous désirez ma présence auprès de vous, même... si vous ne voulez pas vous l'avouer.

– Cela suffit, monsieur! s'emporte Corinne, qui en a assez de jouer au chat et à la souris.

Sur ce, elle se lève, ramasse sa facture et quitte la table en se dirigeant vers la caisse. Sans un regard pour l'inconnu, elle sort du restaurant en pouffant de rire.

– Wow! Quelle aventure! prononce-t-elle à voix haute, avant de disparaître dans la foule qui se promène sur les rues pavées du Vieux-Québec.

L'air est frais en ce mois de novembre, mais le soleil est encore radieux. Quelques heures plus tard, elle revient à son hôtel les bras chargés de vêtements qu'elle s'est procurés ici et là, dans les nombreuses et alléchantes boutiques de cette ville pittoresque et accueillante. Elle range le tout dans ses valises et commande un repas léger, composé d'une soupe et d'un sandwich au jambon.

Elle allume le téléviseur, puis vient déguster son frugal repas. Une fois rassasiée, elle se fait couler un bain chaud. Quel luxe! Elle se dit qu'elle devrait prendre des vacances plus souvent. Et pendant qu'elle savoure le contact de l'eau chaude sur son corps nu, elle pense de nouveau à cet inconnu qui l'a draguée sans aucune retenue. Elle sourit en songeant qu'elle aurait sa dose de merveilleux à ramener dans ses bagages lors de son retour à une vie plus rangée et, disons-le, plus monotone.

Pour terminer cette charmante journée, Corinne s'installe confortablement dans un fauteuil pour lire un des nombreux romans qu'elle s'est procurés dans une librairie de la ville. Elle se laisse attendrir par l'histoire troublante de *Bonheur d'occasion* et s'endort sans même s'en rendre compte.

Bientôt, des rêves érotiques mettant en scène l'inconnu rencontré dans la journée viennent troubler son sommeil. Mais elle se réveille en sursaut, le corps fiévreux et en sueur. Elle s'assoit sur le lit et regarde par la fenêtre, le vague à l'âme, honteuse de ce qu'elle a ressenti et qui lui est interdit.

Vers les sept heures, elle se lève et enfile une des robes achetées la veille. Confectionnée dans un lainage souple et dans des tons de rouge qui rehaussent son teint légèrement foncé, ce vêtement lui donne une apparence jeune. Elle se contemple dans la glace et se sent belle et femme tout à coup. D'un pas confiant, elle sort de l'hôtel pour aller déjeuner. Ensuite, elle retourne auprès de sa sœur Rose. Mais elle doit s'avouer que son esprit est complètement ailleurs, dans un certain restaurant où un homme audacieux et séduisant s'est permis de lui adresser la parole.

Vers onze heures trente, elle embrasse sa sœur en lui promettant de revenir sous peu lui rendre visite.

Sur la rue, elle marche tranquillement, car elle veut s'imprégner des images et des odeurs de la ville. Demain, cette trêve romantique sera terminée et elle devra retourner parmi les siens.

Avec un sourire malicieux, elle entre à nouveau dans le restaurant où s'est passée cette rencontre fortuite et s'installe à la même table que la veille. Un serveur affable s'approche en souriant et lui tend un bout de papier en disant:

– Monsieur Langlois est venu tout à l'heure. Il m'a fait promettre de vous remettre ce message.

Corinne tend la main pour prendre possession de la missive, après quoi le serveur disparaît dans les cuisines. Corinne n'en revient pas. Elle ouvre l'enveloppe d'une main tremblante et parcourt la courte lettre qui se lit comme suit:

Chère belle inconnue,

Depuis hier, votre adorable visage me hante à chaque instant du jour et de la nuit. J'aimerais vous connaître davantage, mais j'ai deviné que vous n'étiez pas une femme libre. Aussi, il serait incorrect de ma part de vous poursuivre de mes assiduités. Bien que je devine que vous n'êtes pas heureuse en ménage, je me vois contraint de simplement vous laisser mon nom et mon adresse, en souhaitant que vous désirerez me revoir.

Bonne chance!

Pierre Langlois

Suivent les coordonnées de son admirateur. Corinne appuie son dos contre la chaise, sidérée par cet égard qui lui est témoigné.

CHAPITRE 24

Rimouski, le 18 novembre 1960

C'est une soirée sans lune. Le ciel est d'encre et le froid sévit à Rimouski. Les attaques du vent viennent prendre d'assaut les murs de la maison, et cela contribue à augmenter le sentiment d'insécurité que ressent Caroline. Elle a une pensée pour sa mère qui quitte Québec demain matin pour revenir au bercail, alors qu'une fois encore, son père s'apprête à sortir pour la soirée. Comme s'il devinait les pensées de sa fille, Philippe se lève précipitamment de table et annonce:

— Je sors, les enfants!

— Encore, papa? ne peut s'empêcher de commenter Caroline, dans un cri venant du cœur.

— Eh oui! Je dois présider une réunion importante au club et je ne peux me désister. Les gars comptent sur moi.

– Non! Je t'en prie, papa! Reste avec nous! supplie la jeune fille, affolée, tandis que son oncle Bruno jette des regards en biais dans sa direction.

Devant l'insistance de sa fille, un sursaut de mauvaise humeur vient assombrir le visage de Philippe. D'une voix ferme et tranchante, il lui demande:

– Qu'est-ce qui te prend, Caroline?

Étouffant un sanglot, l'adolescente explique:

– J'ai peur quand il vente ainsi. J'ai toujours l'impression que la maison va s'écrouler...

– Ma présence n'empêcherait rien. Et puis, tu n'es pas toute seule, puisque Bruno demeure avec toi. Allons! Cesse ces enfantillages!

Alors que Philippe s'apprête à sortir de la cuisine, Bruno pose une main qu'il veut rassurante sur un des genoux de Caroline.

– Calme-toi, voyons, Caro! Il ne peut rien t'arriver de fâcheux.

La jeune fille se lève doucement, et, le cœur à l'envers, elle commence à desservir la table. Bruno l'aide en silence. Caroline ne peut deviner à quoi il pense.

Quelques minutes plus tard, Philippe sort de sa chambre, vêtu de ses plus beaux habits. Pendant quelques secondes, Caroline lui jette un regard appuyé, se résignant au fait qu'il n'ait pas changé d'idée. Maussade, elle annonce:

Je vais aller m'étendre un peu. Je suis fatiguée.

Content de la tournure que prennent les événements, Bruno s'adresse à Philippe.

– J'ai un examen important à passer demain matin, commence-t-il. J'aurais besoin de temps pour étudier, Philippe.

– Bon! Alors, ferme la boutique vers les sept heures. Tu pourras étudier l'esprit tranquille. Personne ne te dérangera.

– Mais les clients, Philippe?

– C'est lundi, aujourd'hui. Comme tu le sais, il y a très peu de monde qui se présente au magasin les lundis soirs, d'autant plus qu'il fait mauvais. Sois tranquille, ils reviendront demain matin. Place l'écriteau sur la vitre de la porte pour les avertir, et tu auras la paix pour la soirée.

Bruno sourit. C'est ce qu'il désirait entendre.

– Il y a autre chose, Philippe, ajoute-t-il.

– Quoi donc, frérot? s'informe Philippe sur un ton impatient.

– Eh bien... je termine ma session dans quelques semaines. Je crois que je vais aller passer les fêtes avec papa. Il se sent seul depuis quelque temps.

– Il ne saurait en être question, Bruno! s'objecte son frère avec véhémence. J'aurai grandement besoin de ton aide pendant cette période achalandée. De toute façon, Corinne sera de retour demain. Alors, nous pourrons en discuter tranquillement en famille. Ça te va?

Bruno hausse les épaules et s'enferme dans un long silence pendant lequel il observe son frère plus attentivement.

Après le départ de Philippe, Bruno ferme la boutique et s'installe dans la cuisine. Il se demande ce que fait Caroline. Se cache-t-elle de lui? Il referme son livre et décide d'aller la rejoindre.

Rendu sur le palier, il frappe à la porte de la jeune fille en l'appelant doucement:

– Caro?

Mais Caroline ne répond pas. Trouvant ce silence suspect, il insiste:

– Caro!

Il décide finalement d'ouvrir la porte et trouve la jeune fille enfouie sous un amoncellement de couvertures. Elle pleure doucement.

– Qu'est-ce qui se passe, Caro?

– C'est papa, répond-elle du bout des lèvres. Il s'absente continuellement.

– Voyons, Caro! Ne fais pas l'enfant, murmure prudemment son oncle tout en repoussant les couvertures pour prendre sa nièce dans ses bras afin de la consoler.

Il pousse un petit cri de surprise en constatant qu'elle est déjà en chemise de nuit, prête à dormir. Retenant son souffle, il la dévore des yeux. Le fin coton du vêtement laisse percevoir la rondeur de ses deux petits seins fermes.

– Viens, petite fille... Mon oncle va consoler ce gros chagrin.

Dans un geste inconséquent Caroline se jette dans les bras de Bruno, prête à s'abreuver à cette source de tendresse que son oncle lui offre si gentiment. Elle se love tout entière contre lui, en laissant couler des torrents de larmes.

Bruno l'accueille, l'esprit embrumé par l'odeur délicate et les formes voluptueuses de ce jeune corps ferme. Cette situation dépasse ses rêves les plus fous.

– Mon Dieu, Caro... tu es si belle, mon amour! Je t'aime tellement.

– Oui... mais papa ne m'aime pas, lui, sanglote Caroline. Je suis si triste... Je voudrais tant qu'il m'aime..., au moins un petit peu.

– Voyons, chérie... laisse faire ton père. Je suis là, moi!

Et il se met à lisser la longue chevelure bouclée en même temps qu'il enfouit son visage au creux de son cou pour l'embrasser délicatement. Bientôt il s'enflamme.

– Ô Caro, ma douce Caro, comme je te désire. Je suis fou de toi, murmure-t-il en prenant ses lèvres.

Après l'avoir obligée à se glisser sur le lit, il peut enfin la recouvrir de son corps déchaîné. La réaction de la jeune fille est instinctive. Déjà, elle lutte pour se libérer.

– Bruno! hurle-t-elle, terrifiée.

— Laisse-moi faire, chérie... Je t'aime.

— Non... Bruno... Arrête! Qu'est-ce que tu fais?

— Rien de mal, Caro. Rien de mal. Je veux juste t'aimer... m'enivrer de ton corps.

— Bruno... *NON! C'EST MAL!*

Mais Bruno ne peut combattre ce désir qui s'amplifie dans ses veines. Il retrousse sa chemise de nuit et vient poser ses mains avides sur les seins de sa jeune nièce.

Caroline étouffe un cri de surprise. Elle tente de se défendre, de se libérer des griffes de son oncle. La panique la gagne. Dans ses rêves les plus fous, elle voulait que son oncle l'embrasse. Mais maintenant, tout son corps se révolte, se bute, se recroqueville, se contorsionne. Et puis, une douleur sournoise, déchirante, lancinante lui lacère le bas du ventre. Elle se crispe, s'agrippe, pleure, rue son oncle de coups, mais celui-ci ne l'entend plus.

Bruno est dans un autre monde, un monde de pouvoir, de possession, un monde de plaisir sadique qui l'enchevêtre dans les méandres de son inconscient malade.

Et puis, un silence coupable s'installe. Caroline sanglote, défaite. Et c'est seulement alors que Bruno prend réellement conscience de ce qu'il vient de faire.

CHAPITRE 25

Rimouski, le 19 novembre 1960

Le dos confortablement appuyé contre la banquette du train qui la ramène à Rimouski, Corinne se remémore son séjour à Québec. Jamais elle n'oubliera à quel point ces brèves vacances l'ont ra gaillardie et reposée. Tellement qu'elle se promet d'y retourner dès le printemps suivant.

Elle doit cependant s'avouer, que c'est surtout l'agréable sensation de se sentir à nouveau une femme jeune et séduisante qui lui donne l'impression d'être aussi légère que la brise.

Regardant par la fenêtre, elle s'aperçoit qu'elle est déjà rendue à la gare de Trois-Pistoles. Il lui reste à peine une heure de tranquillité avant qu'elle réintègre la vie familiale, avec son lot de responsabilités.

Ses pensées vagabondent de façon nostalgique. Pourquoi Philippe ne la voit-il plus comme aux temps heureux de leur amour un peu fou? Elle était comblée à cette époque. L'amour que lui vouait alors Philippe avait suscité les gestes les plus audacieux.

«*Les hommes sont ainsi faits*», se dit-elle, et Philippe ne doit pas être très différent des autres. Au moins, elle peut se consoler de le voir conserver cette belle apparence virile qui le caractérise et le rend si séduisant. Elle se sait chanceuse, malgré tout, de vivre aux côtés d'un tel homme. Elle ne peut ignorer les pincements au cœur qu'elle éprouve parfois en apercevant les regards de convoitise que lui lancent certaines clientes du magasin. Mais depuis les événements de Québec, elle a sérieusement réfléchi là-dessus, ce qui lui a fait comprendre que la beauté physique d'un homme n'était pas suffisante pour combler les nombreuses attentes d'une femme. Pourtant, elle aime toujours Philippe. De ça, elle en est persuadée. Il compte encore beaucoup pour elle.

Pendant qu'elle se complaît dans ces pensées évocatrices, le visage de Pierre Langlois vient s'infiltrer sournoisement dans sa tête, et cela a pour effet de dessiner un sourire attendri sur ses lèvres. Au moins, pense-t-elle, il ne lui est pas interdit d'emporter, bien enfoui au fond de sa mémoire, le souvenir grisant d'un homme qui a tenté de la séduire. Seul un petit bout de papier, bien caché dans un coin de son sac, pourrait trahir cet agréable secret.

CHAPITRE 26

Notre-Dame-du-Portage, le 24 décembre 1960

«Mes biens chers frères, nous voici réunis pour partager la joie du docteur David Hudon et de Marie-Ange Gagnon qui désirent s'unir par les liens sacrés du mariage.»

Dans la petite église de Notre-Dame-du-Portage, les invités venus assister au mariage du couple Hudon boivent les paroles du bon curé Rioux. Seuls quelques bruits de fond, tels des quintes de toux ou des reniflements, viennent troubler le silence paisible de ce lieu de prière.

«Il va sans dire que nous devons nous réjouir de voir ce grand amour qui les unit, poursuit l'officiant, puisqu'ils ont désiré le partager avec vous tous, chers parents et amis, qui êtes venus célébrer avec eux le mariage chrétien, cette alliance qui a été consacrée par Dieu.»

En avant de la petite assemblée, assise près de Philippe, Corinne observe un silence religieux. Elle garde les yeux rivés sur sa mère tout en se disant qu'il n'y a pas d'âge pour aimer, puisque Marie-Ange rayonne d'une sérénité qui fait plaisir à voir. Corinne ne peut s'empêcher de l'envier.

Les années qui attendent Marie-Ange constitue-ront l'apogée de sa vie, lui donnant ce qu'elle dési-rait le plus au monde: connaître enfin ce que sont la tendresse et la complicité, ces sentiments qui ac-compagnent l'amour véritable entre un homme et une femme.

Quelle femme ne rêverait pas de vivre aux côtés d'un homme tel que David Hudon? se demande Corinne tout en essuyant une larme venue trahir ses émotions à fleur de peau.

La personnalité tendre, empreinte de bonté du médecin en fait un homme convoité par toute la gent féminine de la région.

Dans un geste qui s'en veut un de communion avec la nouvelle madame David Hudon, Corinne soulève le bras de Philippe pour se mettre sous sa protection et le serrer d'un peu plus près.

Ému par cette douce pression, Philippe se tourne vers son épouse et lui sourit d'un air affable, comprenant ce qu'elle veut lui communiquer en silence.

La cérémonie nuptiale se poursuit tranquille-ment. Lorsque David se penche sur Marie-Ange pour sceller leur amour d'un délicat baiser, Corinne étouffe un sanglot d'émotion qui s'était logé tout au fond de sa gorge. Cette scène extrêmement tou-chante lui redonne espoir.

* * *

La cérémonie religieuse terminée, les invités s'entassent devant l'entrée de l'auberge de Notre-Dame-du-Portage, où les attendent Marie-Ange et David pour recevoir leurs vœux de bonheur. Mais tout cela ne se fait pas sans que quelques larmes soient versées par les proches des deux héros de la journée.

Le somptueux repas qui est ensuite servi aide les émotions à se replacer quelque peu. Bientôt une soirée de danse s'anime et vient soulever les fêtards, parmi lesquels beaucoup ont un petit verre de trop dans le nez.

Des rythmes endiablés de quadrille et de sets carrés, entrecoupés de valses et d'autres danses, poussent les convives à bouger et à battre la mesure au gré des airs que joue l'orchestre.

Corinne regarde les couples se former pour danser tandis que, du coin de l'œil, elle surveille Caroline qui semble s'ennuyer à mourir. Au loin, sa nièce Marie-Berthe se trémousse avec un cousin de Philippe.

L'image de sa fille esseulée et impassible la remplit de nostalgie et gâche soudainement sa joie.

Comme si elle avait lu dans les pensées de sa mère, Caroline se penche vers elle et demande:

– Qu'est-ce que tu as, maman?

– Pourquoi ne vas-tu pas rejoindre les jeunes de ton âge pour t'amuser un peu?

– Je n'en ai pas envie, répond mélancolique-
ment la jeune fille. De toute façon, je ne sais pas
danser.

– Si ce n'est que ça! réplique Corinne en souriant.

Elle se penche vers Philippe pour lui murmurer
à l'oreille:

– Pourquoi n'invites-tu pas Caroline à danser?
Elle a l'air de s'ennuyer toute seule dans son coin.

Philippe sourit en écoutant cette demande plutôt
surprenante. L'alcool commence à lui tourner la
tête, et, lorsqu'il est dans cet état, il se sent audacieux. Le dos bien appuyé contre le dossier de sa
chaise, il pose un regard attendri sur sa fille et prend
alors conscience de sa beauté naissante.

À l'aube de ses seize ans, Caroline embellit un
peu plus chaque jour, et Philippe se sent soudainement très fier d'elle. Malheureusement, Caroline lui
rappelle son passé peu reluisant, l'époque où il ne
valait pas grand-chose et où il ne pouvait approcher
de sa fille sans se sentir vulnérable.

Cette enfant a le même regard que sa mère. Un
regard de feu et de braise où, telles deux pierres
d'azur brillent des pupilles plus bleues que le ciel
et les flots de la mer réunis. Un regard dévorant de
passion contenue, dont le pouvoir de séduction attire dangereusement les hommes. Sans parler de ces
lèvres pulpeuses, d'une sensualité à faire damner un
saint.

La bouche légèrement pâteuse et le regard un
peu embrouillé, Philippe interpelle sa fille sur un
ton maintenant décidé:

— Aimerais-tu m'accorder cette danse, Caroline? s'entend-il prononcer.

Surprise, la jeune fille sursaute. Rêve-t-elle? Son père vient-il réellement de lui demander une danse?

— Tu sais bien... que je ne sais pas danser, papa! s'empresse-t-elle de répondre, d'une voix mal assurée.

— C'est facile! réplique Philippe en souriant, il s'agit d'une valse. Il suffit que tu te laisses guider par mes pas, et le tour est joué! ricane-t-il nerveusement.

Caroline lève des yeux interrogateurs sur sa mère. Avec un regard bienveillant, Corinne encourage sa fille, lui faisant signe de profiter de cette occasion sans hésiter. Caroline se lève donc timidement tandis que son père lui tend la main. Comme pour tenter de le dissuader d'entreprendre cette aventure incertaine, elle l'informe d'une voix basse:

— Je vais sûrement te marcher sur les pieds, papa!

Philippe est franchement amusé en voyant la réserve toute juvénile de cette charmante enfant. S'emparant de sa main, il l'entraîne sur la piste de danse.

Debout, les yeux dans les yeux, face à face pour la toute première fois, Philippe donne à sa fille quelques instructions.

– C'est très facile, crois-moi, la rassure-t-il. Il te suffit de te laisser guider avec souplesse... Compte les pas avec moi.

Caroline essaie bien maladroitement de suivre son père. Pendant plus de deux minutes, elle se concentre entièrement sur ce qu'il lui enseigne. Finalement, avec beaucoup de patience et de tolérance, Philippe parvient à la diriger correctement. L'assurance vient peu à peu s'installer dans l'esprit de la jeune fille, tandis qu'elle tournoie avec aisance, légère entre les bras puissants de son père qui la regarde d'un air protecteur.

Lorsque la musique prend fin, Caroline en ressent une grande déception. Elle aurait souhaité poursuivre cet apprentissage pendant des heures.

– Zut! laisse-t-elle échapper sur un ton impulsif.

– Aimerais-tu continuer? demande Philippe, heureux à la pensée que cette activité puisse plaire à sa fille.

– Oh oui, papa! s'exclame Caroline avec la candeur de son jeune âge. Mais elle se reprend vite en expliquant:

– Enfin... je veux dire que c'est dommage... Juste au moment où j'avais l'impression d'avoir compris, la musique s'est arrêtée...

– Rien de plus facile, ma belle, sourit Philippe. Attends...

– Jo? lance-t-il en s'adressant à un des musiciens.

– Oui, Phil.

– Une autre valse, s'il te plaît. J'ai le bonheur d'enseigner la danse à ma fille Caroline ce soir!

– Tes désirs sont des ordres, Phil!

Les premiers accords d'une autre valse se font entendre, et Philippe entraîne à nouveau sa jeune cavalière sur le rythme langoureux de la musique.

Corinne regarde la scène avec émotion. C'est la première fois que Philippe se rapproche autant de sa progéniture. Et Caroline, elle le devine, a tant besoin de son père.

Quant à cette dernière, elle se sent émue aux larmes. Elle ressent tant de fierté à danser avec ce père presque inconnu qu'elle en éprouve une envie de rire et de pleurer tout à la fois. Un profond sentiment de sécurité affective l'inonde, la comblant d'un bonheur diffus. «*Je t'aime tant, papa!*» lui murmure-t-elle dans le secret de son cœur. «*Si tu savais ce que je vis actuellement, et combien j'ai besoin de toi!*»

Les derniers accords de la musique meurent tranquillement au bout de l'archet du violoniste. Heureux, Philippe attire sa fille contre lui et la serre à l'étouffer. Ce sera un jour inoubliable pour tous les deux, comme si la muraille de Chine venait de s'écrouler.

CHAPITRE 27

Rimouski, le 10 juin 1961

Assise sur le canapé de couleur bourgogne du petit salon, loin des bruits familiers de la maison, Caroline tente de déchiffrer le contenu de son devoir d'algèbre. Elle fournit des efforts considérables pour maintenir son intellect concentré sur les exercices à faire, mais elle a de la difficulté à y parvenir. Rendue impatiente par le mal qu'elle doit se donner, elle ronchonne devant son incompréhension totale à analyser ces notions de mathématiques.

– Maudite algèbre! s'écrie-t-elle, sur un ton exaspéré.

Au même instant, Philippe fait irruption dans la pièce. Journal en main, il surprend sa fille dans cette attitude emportée.

Dès qu'elle aperçoit son père, Caroline se sent rassurée par sa présence. Depuis le mariage de sa grand-mère, il lui sourit plus souvent et lui adresse fréquemment la parole, s'informant de tout et de rien. Bien qu'elle n'en comprenne pas les raisons profondes, ces démonstrations maladroites d'attachement la remplissent de tendresse envers son père.

Tu étudies encore, Caroline? amorce-t-il, encore légèrement mal à l'aise devant sa fille.

– Oui papa, répond Caroline en soupirant. J'ai un contrôle d'algèbre demain matin.

– Est-ce si difficile?

– Oh oui! Pour moi, c'est du chinois! explique-t-elle en riant.

– Tu n'es pas forcée de poursuivre tes études si tu n'en as pas envie, Caroline... Je pourrais t'entraîner au magasin si tu le désirais.

– Je sais, papa! Mais je veux continuer à étudier. J'aimerais écrire un jour. Bruno... pense que j'ai du talent en littérature.

– Je vois! Si c'est là ton désir... Mais, au fait, qu'aimerais-tu faire plus tard?

– D'abord enseigner le français. Ensuite... peut-être écrire des romans... Enfin, je verrai à ce moment-là, répond-elle timidement en baissant le regard.

– Bon! Alors, étudie bien, ma chouette.

Ce petit qualificatif, échappé de plus en plus souvent lors de leurs trop brèves conversations, tapisse de tendresse le cœur de Caroline.

Heureux lui aussi, Philippe se tait et ouvre son journal en s'assoyant dans son fauteuil de cuir préféré. Caroline baisse les yeux à nouveau sur son cahier d'exercices. La présence de son père au salon l'empêche de se concentrer vraiment. De guerre lasse, elle ferme son livre avec irritation tout en poussant un bruyant soupir.

– Je n'y arriverai jamais! C'est horrible! Je déteste cette matière.

Philippe semble réfléchir quelques secondes avant de proposer:

– Si je t'apprenais le cha-cha-cha. Peut-être qu'une dépense d'énergie te serait bénéfique. Qu'en dis-tu?

– Tu veux m'apprendre cette danse ici? maintenant? s'écrie Caroline, au comble de la stupeur.

– Pourquoi pas? réplique Philippe en riant de la surprise de sa fille.

– Ma foi, en y réfléchissant bien, c'est peut-être une bonne idée! admet la jeune fille.

– Mets le tourne-disque en marche et tu verras ce que ton père est encore capable de faire!

– D'accord! répond Caroline, enthousiasmée par cette perspective.

Elle se précipite vers l'appareil et, en moins de temps qu'il n'en faut pour le dire, elle choisit un disque et se tourne vers son père en souriant.

Philippe vient à sa rencontre en disant:

– Écoute-moi bien. Le cha-cha-cha est plus difficile que la valse. Alors, il faut que tu sois très attentive à mes mouvements pour ensuite les reproduire en même temps que moi, selon le rythme de la musique. Es-tu prête?

– Oui, répond Caroline, en retenant un fou rire.

– Regarde-moi, répète son père.

– Je te regarde!

Pendant dix minutes, ils tentent d'accorder leurs pas à la cadence de la musique. Cette expérience dégénère rapidement, si bien qu'une hilarité générale envahit la maison.

– Non, attends, Caroline! Écoute le rythme de la musique. Un... deux... trois... cha-cha-cha. Comprends-tu?

– Oui, papa. Là, je crois que je comprends.

Et elle s'exécute aussitôt.

– C'est ça! Très bien! Oui! Recule maintenant... Non, pas comme ça! s'exclame Philippe en riant aux éclats, bientôt suivi par Caroline.

– Je n'y arriverai jamais!

– Mais si! Tu es très douée, je t'assure...

Ce joyeux tintamarre attire Corinne, qui fait son apparition au salon.

– Mais qu'est-ce qui se passe ici? demande-t-elle. On vous entend du magasin.

– Papa m'enseigne à danser le cha-cha-cha, maman!

– Oui, et notre fille apprend vite, Corinne! renchérit Philippe en pouffant à nouveau de rire.

Alerté lui aussi par les éclats de voix, Bruno les rejoint à son tour. L'image de Philippe tenant Caroline dans ses bras éveille instantanément sa jalousie.

– Que se passe-t-il ici?

– Eh bien, figure-toi, Bruno, répond Corinne, que Philippe s'est mis en tête d'apprendre le cha-cha-cha à ta nièce. N'est-ce pas surprenant?

Bruno feint de prendre part à la fête en disant:

– Tu devrais plutôt lui enseigner le rock-and-roll, Philippe. C'est la danse à la mode en ce moment. Et c'est beaucoup plus de l'âge de Caroline.

– Tu es fou, Bruno! Cette musique est diabolique! Et puis, je ne connais pas cette danse.

– Je pourrais lui apprendre, propose Bruno, entretenant le maigre espoir de soustraire Caroline aux bras de son père.

– Oh non, mon oncle! Je suis suffisamment mêlée comme ça! L'apprentissage d'une danse par jour sera plus que suffisant pour ma petite cervelle, répond Caroline, qui s'est légèrement rembrunie en apercevant son oncle.

Elle voudrait qu'il disparaisse à jamais de cette maison. Chaque nuit la laisse épuisée à cause de la peur qu'elle ressent continuellement. Elle craint qu'il s'introduise dans sa chambre encore une fois et qu'il accomplisse cet acte immonde qui la blesse un peu plus chaque fois.

Bruno est profondément blessé par la réponse de Caroline. Sans dire un mot, il quitte le salon en haussant les épaules. La jalousie l'envahit de plus belle, ce qui le rend agressif. Pourquoi ce subit intérêt de Philippe envers sa fille?

«Tu n'as pas le droit, Philippe Beaulieu! pense-t-il. Tu arrives trop tard! Caroline m'appartient!»

Une demi-heure plus tard, Philippe quitte les bras de Caroline en annonçant d'une voix forte:

– Je sors, Corinne! J'ai une réunion ce soir. Ne m'attends pas avant dix heures.

– Je sors aussi, Philippe, s'empresse de dire Corinne en le rejoignant au salon. Nous avons un buffet à préparer pour les funérailles de monsieur Guimond.

– O.K., chérie! À plus tard alors! Je suis en retard.

– Bonne soirée! répond celle-ci, le cœur léger.

Philippe grimpe les marches de l'escalier deux à deux pour aller rejoindre Bruno dans sa chambre. Il entre et dit:

– Tu devras t'occuper du magasin ce soir, Bruno. Corinne et moi sortons pour la soirée. Nous prévoyons rentrer vers les dix heures. Veille à ce que Caroline puisse étudier tranquille, veux-tu?

– C'est promis, Philippe. Tu peux compter sur moi, comme toujours.

– Parfait, frérot! Bonne soirée!

– Bonsoir Philippe, répond ce dernier en refermant son livre et en souriant devant cette chance inespérée.

Sans perdre une minute, Bruno descend au magasin pour afficher l'écriteau, «*Fermé pour une heure*». Satisfait, il part rejoindre Caroline au salon. Un mois s'est écoulé sans qu'il puisse approcher la jeune fille. Son besoin d'elle est violent. Elle l'obsède de plus en plus. De temps à autre, tel un malfaiteur, il se contente de lui voler un baiser furtif.

Il s'approche de Caroline, s'assoit à ses côtés et lui retire le livre qu'elle tient entre les mains. Caroline se met aussitôt à trembler d'appréhension, mais s'armant de courage, elle dit:

– Mon oncle, j'ai un examen important à passer demain. Je dois étudier.

– Je sais, mais tu étudieras plus tard. Nous sommes seuls. Nous ne devons pas laisser passer une occasion pareille. Ça fait si longtemps... et j'ai envie de toi.

– Non, Bruno! Il faut vraiment que j'étudie... Ce sont les examens de fin d'année et...

– Plus tard! crie-t-il, outré.

– Je t'en prie, mon oncle..., pas ce soir...

– Qu'est-ce qui te prend, Caroline?

La peur lui noue les entrailles alors qu'elle répond:

– Rien...

– Alors, cesse de jouer ce petit jeu avec moi! Viens... Suis-moi!

La jeune fille réprime son envie de pleurer. Mais, docile, elle se lève pour suivre son oncle.

En silence, ils montent l'escalier qui les mène à la chambre de Bruno. Avec violence, celui-ci la projette sur le lit avant de s'abattre de tout son poids sur elle. Puis, il s'empare de ses lèvres et s'agrippe à ses seins, ce qui lui arrache presque un cri de douleur. Bruno semble ne plus pouvoir se passer de ce corps chaud et invitant.

Pendant que Caroline subit cet assaut de passion et de violence, amour et haine se confondent dans son esprit. Lui écartant les jambes, Bruno prend sauvagement possession de son corps. En gémissant, il la pénètre bestialement. La douleur se répand dans le corps de la jeune fille, aussi sûrement que son esprit s'embrouille. Au fond d'elle, une petite fille terrorisée pleure.

«*Papa*, appelle-t-elle dans le silence troublé de son être, *sauve-moi!*»

CHAPITRE 28

Rimouski, le 22 juin 1961

Philippe est tellement concentré sur ses états financiers qu'il ne lève même pas la tête lorsque son frère fait son entrée dans l'espace restreint qu'il occupe. Le désordre règne dans la pièce, et le petit bureau de travail où est assis Philippe est jonché de factures et d'états de compte.

– Philippe...

– Qu'y a-t-il, Bruno?

– As-tu des ennuis?

– Non. Je réfléchissais, c'est tout! Tu voulais me parler?

– Oui... enfin... j'ai quelque chose d'important à t'apprendre.

– Qu'est-ce que c'est? demande Philippe, sans même le regarder.

– Eh bien... j'ai trouvé du travail comme journaliste au journal *Le progrès du golf.*

– C'est super, ça! lance Philippe, subitement intéressé par la conversation.

– Oui... Enfin, c'est juste un petit boulot, mais je me demandais si tu accepterais que je prolonge un peu mon séjour parmi vous. Bien sûr, je payerais une pension et je continuerais à m'occuper du magasin dans mes temps libres. Vois-tu, j'aimerais prendre un peu d'expérience avant de quitter la région.

– Je suis heureux de continuer à t'aider, Bruno! Tu peux demeurer ici le temps que tu voudras. Tu n'es absolument pas une charge pour Corinne et pour moi, bien au contraire! Nous avons du mal à nous imaginer comment nous arriverons à nous débrouiller sans toi.

– Alors, c'est oui?

– Absolument!

– Merci, vieux!

Satisfait par la réponse de son frère, Bruno grimpe deux à deux les marches de l'escalier pour aller retrouver Caroline dans sa chambre. Corinne est sortie, et Philippe est tellement occupé par sa comptabilité que Bruno sait qu'il ne court aucun risque d'être surpris dans la chambre de sa nièce.

Il la retrouve étendue sur son lit, le visage blême et défait.

– Qu'est-ce que tu as, Caro? s'informe-t-il d'une voix inquiète.

– Je suis en retard dans mes règles, Bruno, et j'ai mal au cœur, annonce-t-elle en réprimant un sanglot de panique.

– Quoi? prononce-t-il sur un ton glacé.

– Tu as bien entendu... Je pense que je suis enceinte.

Les larmes retenues depuis quelques mois viennent subitement étouffer la voix de Caroline.

– Arrête de chialer! commande alors Bruno, très préoccupé par ce qu'il vient d'entendre.

Béat de surprise, il passe nerveusement une main dans sa chevelure sombre tout en réfléchissant à ce que sa nièce vient de lui dire. «*Quoi faire, mon Dieu, quoi faire?*»

Caroline est au bord de l'inconscience. Une envie de vomir, qu'elle réprime difficilement, la tenaille. La haine qu'elle éprouve pour son oncle est au-delà des mots qu'elle pourrait prononcer pour lui crier son aversion la plus totale.

– Nous allons quitter cette maison! lance Bruno, comme s'il prononçait une sentence.

– NON! hurle cette fois Caroline. Je ne quitterai pas mes parents.

– Tu feras ce que je te dis! s'offusque Bruno en adoptant un ton autoritaire. De toute façon, tu ne peux rien faire sans moi.

– Non... gémit Caroline.

Bruno fait quelques pas dans la pièce, comme pour mieux réfléchir. Exaspéré de voir que Caroline ne cesse de pleurnicher, il s'approche d'elle, la prend par les épaules et la secoue violemment, en disant:

– Tu ne dois rien dire à personne de cette histoire, tu m'entends?

– Oui, répond Caroline, soumise, selon son habitude.

– Il faut que je réfléchisse à tout ça! Et il ne faut surtout pas que Philippe et Corinne s'aperçoivent de quelque chose. Tu m'as bien entendu, Caro?

– Oui... mon oncle, murmure Caroline en enfouissant son visage sous ses oreillers pour cacher sa peine.

Elle en a assez du pouvoir que Bruno exerce sur elle.

– Bon... je dois aller travailler, maintenant, conclut son oncle. Reste dans ta chambre jusqu'à ce que tu te sois calmée, tu m'entends?

– Oui...

– Parfait! Nous reparlerons de tout ça lorsque nous serons certains d'être tranquilles.

Et il l'embrasse sauvagement en emprisonnant ses seins dans les paumes de ses mains. Caroline retient son souffle. Dieu qu'elle le hait! De toutes les fibres de son être. Finalement, son tortionnaire quitte la chambre en ordonnant une dernière fois:

– Surtout, tais-toi! À ce soir!

Vaincue, Caroline s'enferme dans un silence alourdi par la terreur. Et si elle parlait?

Rendu en bas de l'escalier, Bruno croise Corinne qui vient de rentrer à la maison en tenant un énorme pot de fleurs entre les mains.

– Oh! salut Bruno! As-tu vu Caroline?

– Non! Je crois qu'elle est chez cette amie... Comment s'appelle-t-elle déjà?

– Johanne, peut-être? avance Corinne.

– Oui, c'est ça!

– Ah bon!

– Excuse-moi, Corinne, de te quitter aussi rapidement, mais je suis en retard au boulot. Je rentrerai vers cinq heures. À plus tard!

– À bientôt, Bruno!

Assis dans sa voiture, Bruno se réjouit. Enfin, il a tous les pouvoirs sur Caroline. Elle ne peut plus lui échapper désormais. Satisfait, il ouvre la radio et la fait jouer à tue-tête alors qu'il s'engage en sifflant sur la route 132.

CHAPITRE 29

Rimouski, le 18 juillet 1961

Une heure quinze de la nuit, sur la rue Saint-Germain Est, la *Dodge* de Philippe est stationnée près d'un bar. L'air est chaud et vicié. On étouffe en cette soirée humide de juillet. Philippe titube légèrement en sortant du bar. Il a bu trop d'alcool et il est ivre. Malgré son état d'ébriété, il parvient à déverrouiller la portière de son automobile et se hisse à l'intérieur. Réalisant à quel point son état est lamentable, il s'oblige à prendre une longue inspiration, souhaitant que cela parvienne à le dégriser un peu. Il appuie sa tête quelques instants contre le dossier de la banquette et tente de réfléchir à sa situation.

«*Je viens de perdre cinquante dollars en jouant aux cartes*, se dit-il pour lui-même. *Merde! C'est beaucoup d'argent. Que va penser Corinne de cette escapade?*»

Il espère seulement qu'elle dormira et ne s'inquiétera pas pour lui. S'il pouvait rentrer sans que personne s'en rende compte, il serait reconnaissant au bon Dieu.

La voiture démarre, et Philippe roule tranquillement sur la chaussée encore humide de la pluie laissée par l'orage, bref mais violent, qui a frappé la localité. C'est toujours la même chose qui se produit, et il se sent coupable de ses aventures nocturnes. S'il arrive à pénétrer dans sa chambre sans réveiller son épouse, il pourra utiliser sa supercherie habituelle et retourner le réveil pour le mettre hors de sa vue.

«Quel petit malin je suis! s'exclame-t-il en ricanant.»

* * *

– Caro?

Caroline ne répond pas, car elle est trop occupée à lutter contre les gens qui la poursuivent dans son rêve à l'ambiance ténébreuse.

Tout est silencieux dans la maison, et Philippe n'est toujours pas rentré. Bruno en déduit qu'il ne reviendra certainement pas avant les petites heures du matin, ivre mort, selon son habitude. Quant à Corinne, elle doit dormir comme un loir à cette heure tardive. Le désir de satisfaire ses sens se fait pressant pour Bruno. Personne ne se rendra compte de rien, il en est persuadé. S'approchant du lit de sa nièce, il soulève les couvertures et se glisse à côté du corps légèrement moite de la jeune fille.

– Caro... réitère-t-il, à voix très basse.

Pressentant un quelconque danger, Caroline fait un bond et s'assoit dans son lit où elle rencontre la chaleur non désirée du corps de son oncle lové contre elle. Une main vient bâillonner sa bouche tandis que son cœur, complètement affolé, bat à grands coups.

– Chut! ordonne Bruno. C'est moi... J'ai envie de toi. Ne crie surtout pas!

Délicatement, il s'empare de la bouche pulpeuse de sa nièce. Prisonnière et encore une fois sous l'emprise de son oncle, la jeune fille se débat.

– Non! C'est assez! dit-elle fermement. Sors de ma chambre ou je hurle...

Et elle lui mord les lèvres jusqu'au sang.

– Ouch! Qu'est-ce qui te prend? s'offusque Bruno en essuyant le liquide rougeâtre qui gicle de sa bouche endolorie.

– Tu es complètement fou! Tu vas réveiller papa et maman, se défend-elle.

– Tais-toi! Ton père n'est pas rentré!

– Tu n'as pas le droit de me faire ça, Bruno... Je vais te dénoncer, chuchote-t-elle, la peur lui tenaillant les entrailles.

– Tais-toi! lui répète Bruno en l'emprisonnant sous lui. Personne ne te croira. Si tu fais ça, je dirai que c'est toi qui me poursuis de tes avances.

– Ce n'est pas vrai... pleurniche-t-elle. Je t'en prie... arrête... c'est trop risqué. Maman va nous entendre...

– Allez, mon amour... murmure-t-il, d'une voix adoucie cette fois. Reste tranquille. J'en ai pour quelques minutes à peine... Je ne pourrai pas dormir. Je suis hanté par ton corps... Je l'aime tellement. Il est si doux, si chaud... ça me rend complètement dingue. Écarte tes cuisses que je te prenne... Plus vite tu me laisseras faire, plus vite je te laisserai tranquille...

– J'ai peur... chuchote Caroline, se retrouvant de nouveau dans son état de soumission.

Bruno l'embrasse pour la faire taire. Exalté et emporté par une détermination à toute épreuve, il tire sur le vêtement de coton afin de libérer le jeune corps affriolant. Le contact de son ventre et de ses seins l'embrase. Assoiffé d'amour, il perd toute maîtrise de lui-même.

– J'aime bien quand tu me résistes un peu... murmure-t-il contre son oreille. Cela attise mon besoin de toi. Dieu! que je t'aime, Caroline!

Et il la pénètre sans ménagement. La douleur que provoque cette intrusion dans l'intimité de sa personne arrache un gémissement à Caroline. Toutes les fibres de son être se révulsent contre ce viol. Des larmes de ressentiment se libèrent et se répandent sur son visage, marqué par l'incompréhension.

* * *

Philippe sourit lorsqu'il entre dans sa demeure, car la porte n'a même pas grincé quand il l'a ouverte. Il se félicite de l'avoir huilée. Grâce à cette astuce calculée, personne ne peut remarquer son retour tardif à la maison. Tel un chat, il retire silencieusement ses souliers et les dépose sur le pas de la porte de la cuisine. Avec des gestes maladroits, il défait sa cravate et commence à déboutonner sa chemise.

Il s'avance dans la cuisine sur la pointe des pieds. Lorsqu'il passe devant la cuisinière, des sons de voix étouffés lui parviennent. Un lit craque à l'étage au-dessus, et ce bruit a le don de le pétrifier. Bruno aurait-il eu l'audace d'emmener une de ses conquêtes dans sa chambre, si près de celle de Caroline? Des gémissements viennent interrompre ses réflexions. Non. Cela ne peut être possible. Son frère n'aurait pas osé...

Une peur irrépressible s'imprime alors sur son visage. Un doute insinueux commence à s'infiltrer dans son esprit. Instinctivement, Philippe gravit les marches de l'escalier dans un silence lugubre. Son cœur bat la chamade. La frayeur lui noue les entrailles alors qu'une douleur vient lui labourer la poitrine. Non, pas Caroline! Pas sa petite fille si pure et sans tache. Il est complètement fou de penser à une chose aussi terrible.

Mais plus Philippe s'approche, plus les sons deviennent compromettants. Force lui est d'admettre l'absurde vérité. La sonorité particulière de l'amour lui parvient nettement maintenant, le figeant sur place.

– Arrête de bouger! entend-il soudain de la bouche de son frère.

– Bruno... j'ai mal...

– Chut!

Une lumière perce la pénombre de la petite chambre de Caroline. Le jeune couple sursaute en voyant apparaître Philippe, blême de colère. Sans avertir, celui-ci fonce vers son frère et l'empoigne solidement par les cheveux pour le projeter hors du lit de Caroline. C'est alors qu'il découvre sa fille –

sa fille chérie – complètement nue, nue de la tête aux pieds. Sous l'effet de la surprise, Caroline se met à crier comme une déchaînée.

En bas, au rez-de-chaussée, on entend les pas de Corinne qui grimpe les marches de l'escalier dans une course folle, dangereuse.

Fou de rage, Philippe hurle sa fureur:

– Espèce de salaud! Tu sautes ma fille! Ta propre nièce!

Prenant de plus en plus conscience de l'horreur de la situation, le visage de Philippe se transforme pour devenir semblable à celui d'un monstre qui aurait jailli des profondeurs de l'abîme. D'un mouvement décuplé par l'immense colère qui gronde en lui, il lance sont poing dans la figure de Bruno qui s'écroule lourdement sur le sol.

– Attends, Philippe! tente de l'amadouer ce dernier. Ce n'est pas ce que tu crois...

– Espèce de dénaturé! Je vais te tuer! crie Philippe, hors de lui, en sautant à nouveau sur son frère.

Au même moment, Corinne fait irruption dans la chambre. D'un seul coup d'œil, elle comprend la situation et se rue sur Philippe.

– Arrête, Philippe... Tu vas le tuer!

– C'est tout ce qu'il mérite, tonne ce dernier.

Sa femme étant incapable de le maîtriser, Philippe frappe son frère encore et encore, ne pouvant plus s'arrêter. Si bien qu'il finit par lui casser le nez. Le sang fait une mare sur le plancher. Non satisfait, Philippe administre au jeune homme des coups de pied dans le ventre tout en blasphémant outrageusement.

Caroline sort du lit pour aller se terrer dans un coin de la chambre. Pleurant, geignant, se tortillant, se levant, se baissant et se recroquevillant, elle finit par rendre son repas, s'étouffant dans ses vomissures.

Affolée par cette scène hallucinante, Corinne se précipite vers sa fille et la prend dans ses bras en criant:

– Arrête, Philippe! Ta fille est malade!

Soudain inquiet, Philippe, qui tenait Bruno par les cheveux, suspend son mouvement pour regarder sa fille.

– Elle est enceinte, murmure alors Bruno d'une voix déchirée en s'écroulant par terre et en pleurant.

Cette révélation pétrifie Philippe et le réduit à l'impassibilité totale. Vaincu, il s'assoit sur le lit de sa fille, tenant ses poings fermés contre sa figure. Des souvenirs qui avaient été péniblement enfouis dans sa mémoire refont lentement surface. Comme dans un mauvais rêve, il revoit Joseph Gagnon, carabine à la main, qui menace de le tuer. Cette image lui tire une longue plainte, tapie au fond de lui depuis longtemps. Tel un animal blessé, il se met à gémir.

Tous sont glacés d'effroi. Seul, Bruno garde la tête froide. Après un long moment de flottement, où chacun tente de rassembler ses esprits, il prend la parole:

– J'aime Caroline, Philippe... Je suis désolé...

Lorsqu'il lève les yeux vers son frère, on peut presque palper la haine qu'éprouve Philippe à son égard.

– Je te laisse dix minutes pour faire tes valises et pour quitter cette maison, prononce-t-il d'un ton sinistre. Sors d'ici ou je te tue!

Suffoquant de peine, Bruno se relève, profondément marqué et blessé, laissant derrière lui une traînée de sang qui témoigne de l'horreur de la scène qui vient de se produire à l'étage des amours interdites.

Quelques minutes plus tard, on entend claquer la porte de la cuisine. Après ce départ précipité, la tension des dernières minutes laisse place à un lourd silence.

Le visage enfoui dans ses mains, Philippe s'adresse à Caroline.

– Depuis combien de temps dure ce calvaire?

– Environ neuf mois, répond Caroline sur un ton larmoyant.

– Pourquoi n'as-tu rien dit? reprend Philippe d'une voix brisée.

La jeune fille détourne le regard, honteuse, amoindrie, salie. Étouffée par la rancœur accumulée durant ces longues années, elle laisse tomber de sa bouche des mots sans pitié:

Pendant quelque temps... commence-t-elle à voix basse, j'ai pensé que Bruno m'aimait, alors que toi, papa... tu ne m'as jamais aimée...

Ces paroles dures arrachent une longue plainte de détresse à Philippe. Jamais il n'oubliera ce regard chargé de reproche posé sur lui. Les mots, prononcés lentement, s'enfoncent, tels des coups de poignard, dans son corps. D'une voix méconnaissable, il dit:

– Quoi que tu puisses penser, Caroline, je t'ai toujours aimée...

Puis, il se lève en chancelant et quitte la chambre de Caroline pour disparaître à son tour dans la nuit.

CHAPITRE 30

Rimouski, le 21 juillet 1961

– Maman... Oh, maman!

– Qu'est-ce qu'il y a, Corinne? s'enquit Marie-Ange à l'autre bout du fil, d'une voix figée par l'inquiétude.

– C'est Caroline...

– Calme-toi, Corinne! Qu'est-il arrivé à Caroline?

Corinne hoquette et tente de se ressaisir. Toute la peine, toute l'angoisse et toutes les peurs accumulées depuis quelques jours refont surface avec une telle force qu'elle croit qu'elle va s'écrouler.

– Corinne! réitère Marie-Ange, que ce silence prolongé tourmente, tu me fais peur. Qu'est-ce qui se passe? Je t'en prie, parle!

– Oh maman! C'est affreux! Caroline est enceinte de Bruno... et Philippe est parti de la maison depuis trois jours. Il n'a donné aucun signe de vie depuis... Je... Je ne sais pas où il est en ce moment et j'ai tellement peur... parvient-elle à expliquer à travers ses larmes.

Et elle balbutie quelque chose d'autre, que Marie-Ange est incapable de saisir. Sa fille nage en plein drame, et tout ce que peut faire Marie-Ange, pour l'instant, c'est de l'écouter raconter ses craintes. Un long frisson vient lui parcourir l'échine alors qu'elle réfléchit à toute allure.

– Calme-toi, chérie! David et moi serons chez toi dans deux heures, tout au plus. M'entends-tu, Corinne?

– Oui, maman... sanglote cette dernière. Merci... Je... je ne sais plus quoi faire... Je me sens tellement démunie... Caroline est enfermée dans sa chambre depuis le départ de Philippe et elle refuse obstinément de s'alimenter.

– Ne crains rien, chérie, David va s'occuper d'elle. Ressaisis-toi d'abord. Nous arrivons le plus rapidement possible.

– Merci, maman...

D'une main tremblante, Corinne raccroche le combiné, et vient se rasseoir dans la berceuse, près de la cuisinière. Inlassablement, elle retourne dans sa tête les mêmes idées noires. Que doit-elle faire de sa fille? Que va-t-elle faire de Philippe lorsqu'il sera de retour? Parce que, au fond d'elle-même, Corinne sait bien que Philippe va revenir. Mais dans quel état? Personne ne peut le prévoir.

Plus de deux longues heures s'écoulent avant l'arrivée de David et de Marie-Ange. Corinne se lève pour aller les accueillir. Elle fait quelques pas vers Marie-Ange, mais toute sa volonté s'évanouit lorsque sa mère lui tend les bras. Des larmes trop longtemps retenues inondent son visage, tandis que les mots se bousculent sur ses lèvres.

– Maman... c'est horrible ce qui nous arrive! Comment allons-nous pouvoir passer au travers?

– Je sais, chérie, mais calme-toi. Il est inutile de t'apitoyer sur ton sort comme tu le fais en ce moment. David et moi, nous sommes là, à présent. À trois, nous trouverons bien une façon de te sortir de cette impasse.

– Qu'allons-nous devenir? murmure Corinne à bout de force.

– Chut... Nous sommes là, chérie...

– Où est la petite? s'informe alors David, la mine songeuse.

– Dans sa chambre...

L'inquiétude qu'elle éprouve pour Caroline permet à Corinne de reprendre une certaine maîtrise de ses émotions.

– Bon... Je me rends auprès d'elle, annonce calmement David. Je pense que je vais devoir l'examiner.

– Elle n'a pratiquement rien avalé depuis trois jours et elle refuse de sortir de sa chambre.

– Ne t'inquiète pas, Corinne. Tout ira bien, l'assure David en se dirigeant droit vers l'escalier.

Il monte les marches une à une, doucement, tranquillement. Le bon médecin ne veut surtout pas effrayer Caroline. Il frappe à sa porte, mais la jeune fille ne se donne même pas la peine de répondre.

– Caroline... appelle-t-il faiblement. C'est moi, David. Permets-moi d'entrer...

– Je ne veux voir personne, laisse tomber Caroline d'une voix brisée.

Patient, le médecin insiste. Un combat se livre dans l'esprit de la jeune fille.

– Entrez! finit-elle par murmurer.

Soulagé, David ouvre la porte et se retrouve auprès de la jeune fille. Après avoir échangé quelques paroles, Caroline consent enfin à s'asseoir sur le lit et à regarder son grand-père dans les yeux.

– À quoi rime ce gros chagrin? demande-t-il, désemparé devant l'air affligé de sa petite-fille.

– Oh! grand-papa..., éclate-t-elle en tendant les bras, à cet homme si compréhensif.

David l'accueille et la serre contre lui. Puis il la berce afin de la rassurer un peu. La jeune fille pleure et pleure sans plus se retenir. Tout le monde dans cette maison semble oublier qu'elle n'a que seize ans. Encore une adolescente! Fragile comme une rose et blessée comme un petit animal effrayé. Que la vie est donc incompréhensible parfois! Et son père qui n'a pas su la protéger!

David devine que la jeune fille a été violée. L'examiner ne sera pas chose facile, surtout qu'elle n'a encore jamais subi d'examen gynécologique.

Elle se rebute, pleure, et David doit user de beaucoup de patience pour la sécuriser. Mais en se montrant doux et paternel, il y parvient. À chaque geste qu'il pose, il explique pourquoi il doit agir ainsi. Peu à peu, Caroline se détend et se laisse faire.

– Voilà, c'est terminé maintenant! lance le médecin. Ce ne fut pas si terrible, n'est-ce pas?

Préférant ne pas répondre, Caroline se réfugie sous les couvertures. La honte la submerge.

– Quand as-tu eu tes dernières règles? interroge David.

– Le 24 mai, hoquette-t-elle à voix très basse.

– Bon! Cela confirme mon examen. Tu es enceinte d'environ six ou sept semaines. Tu accoucheras en mars prochain.

Caroline couvre alors son fin visage de ses deux mains tandis que de sourdes plaintes jaillissent à nouveau de sa gorge.

– Tout ira bien, mon petit..., reprend le médecin. Je veillerai personnellement sur toi. Ne t'inquiète surtout pas. Maintenant, je vais te demander une chose encore plus pénible que l'examen que je viens de t'imposer...

– Non, répond instinctivement la jeune fille, déjà affolée.

– Caroline, il est important que tu me racontes ce qui s'est passé entre Bruno et toi... Est-ce qu'il t'a violée?

Caroline ne s'attendait pas du tout à cette question directe. Le sang déserte alors son visage pourtant déjà défait, pendant que ses épaules se voûtent davantage et que sa lèvre inférieure se met à trembler.

– Oui... consent-elle à répondre faiblement, tout en s'enroulant sur elle-même, dans la position du fœtus.

David sent monter en lui une rage jamais ressentie jusqu'ici.

– Ô! ma pauvre petite chérie..., ne peut-il que dire en la prenant dans ses bras pour l'asseoir sur ses genoux. Raconte-moi tout.

Rassurée et sentant que quelqu'un s'intéresse enfin à son sort, Caroline accepte de se libérer de ce fardeau beaucoup trop lourd pour elle. Une fois rendue au bout de sa confession, elle fait cette amère constatation:

– C'est affreux, grand-papa... J'ai trahi mon père...

– Tu n'as trahi personne, Caroline, la rassure aussitôt son grand-père. Tu as été victime d'inceste et tu as subi plusieurs viols horribles. C'est Bruno le coupable, et pas toi. Tu n'es pour rien dans tout cela. Il faut que tu t'en convainques et que tu penses à ce petit être qui vit en toi. Tu dois te nourrir convenablement et cesser de te morfondre de cette façon. Il y a toujours une solution à un problème, et tu dois t'accrocher très fort à cette idée. Vous êtes deux à présent. Peu importe la réaction de ton père, tu dois penser à cet enfant qui espère tout de la vie. Il n'a pas demandé à vivre et il n'est responsable de rien...

– Mais, papa... hasarde-t-elle sur un ton triste.

– Ne pense pas à cela. Je m'occuperai moi-même de ton père... Ne crains rien, Caroline! Je comprends que c'est terrible, tout ce qui t'arrive... mais tu t'en sortiras, et ton père aussi, crois-moi. Dans ce sombre épisode de ta vie, il n'y a pas personne au monde qui soit plus important que toi et ton enfant. Comprends-tu ce que j'essaie de t'expliquer?

– Oui, grand-papa, mais... cet enfant... n'y aura-t-il pas le sang de Bruno qui coulera dans ses veines?

David réfléchit quelques instants avant de répondre à cette question qui soulève tant de controverse et d'horreur.

– C'est vrai. Mais il sera ta chair et ton sang à toi aussi. Ainsi que le sang de ta mère, de ton père, de ta grand-mère Marie-Ange et celui de toutes les bonnes personnes qui constituent ta famille. Un enfant qui naît a déjà sa propre personnalité. S'il est entouré de gens qui l'aiment et qui prennent bien soin de lui, il grandira et aura un comportement normal.

– Cela veut-il dire que Bruno a grandi dans un mauvais environnement?

– Peut-être... je ne le sais pas. C'est possible, en tout cas. Car son attitude envers toi n'était pas celle d'un garçon sain d'esprit. Pour avoir agi de cette façon horrible, il faut qu'il soit malade... psychologiquement, j'entends.

Un long silence s'installe entre eux, où chacun se perd dans ses propres réflexions. D'un air triste, Caroline reprend:

– Tout allait tellement mieux avec papa depuis quelque temps... J'aurais tant souhaité que cela se poursuive... continue-t-elle en essuyant les larmes qui ruissellent sur son visage. Mes parents seront pointés du doigt par tous les gens du quartier, et ils ne méritent pas ça.

– Ne crains rien, ma puce... Nous trouverons une solution qui sera acceptable pour tout le monde. Tu ne dois pas t'en préoccuper outre mesure.

Pour la première fois depuis le début de leur entretien, Caroline sourit à travers ses larmes. Son grand-père est le meilleur et le plus chaleureux des hommes qu'elle connaisse. Elle sait qu'elle peut compter sur lui pour la défendre et la protéger. Un sentiment de sécurité vient apaiser son jeune cœur.

– Bon, voilà qui est beaucoup mieux! murmure son grand-père en essuyant les larmes qui coulent librement sur ses joues. Et maintenant, tu dois manger. Il faut nourrir ce petit être en devenir. Il doit mourir de faim.

– Je n'ai pas le courage de descendre à la cuisine, se plaint Caroline.

– Je vais te faire préparer quelque chose et je viendrai personnellement te le porter. C'est d'accord?

– Oui!

Une heure plus tard, Marie-Ange, Corinne et David sont attablés et prennent leur repas en silence. Leurs énergies se concentrent à chercher une solution pour réduire les proportions désastreuses que prend cette situation inconfortable pour toute leur famille. Chacun est plongé dans ses pensées.

C'est alors que la porte de la cuisine s'ouvre et que Philippe apparaît devant eux. Tous les regards convergent vers lui.

Le teint pâle, les yeux rougis par le chagrin, les cheveux en bataille et une barbe sombre vieille de trois jours, confèrent à Philippe une apparence maladive. Il tient son veston d'un seul doigt derrière son épaule alors que sa cravate dénouée pend lamentablement sur sa chemise défraîchie et dégoûtante. L'image qu'il offre est celle d'un homme qui a erré sans but et qui revient de nulle part.

En apercevant Marie-Ange et David, il se sent dérouté et ne sait trop quelle attitude adopter. De son côté, Corinne est submergée par divers sentiments qu'elle se refuse à analyser pour l'instant. Elle se lève de table et fusille son mari du regard. Personne n'ose prononcer le moindre mot. S'approchant de lui, une pointe de révolte dans le regard, elle l'apostrophe sans ménagement:

– Où étais-tu, Philippe Beaulieu? Ça fait trois jours et trois nuits que je m'inquiète pour toi!

Philippe lève sur elle un regard triste qui appelle à l'indulgence. Sur un ton ferme cependant, il s'informe:

– Où est Caroline?

Exaspérée par cette attitude fermée, Corinne répond:

– Dans sa chambre. Mais tu n'as pas répondu à ma question.

Philippe bouscule légèrement son épouse et, sans crier gare, il fonce vers l'escalier qu'il grimpe deux marches à la fois, comme s'il avait peur de ne pas être autorisé à revoir son enfant.

– Philippe! hurle Corinne derrière son dos. Attends!

D'un geste, David retient sa belle-fille qui se préparait à se lancer à la poursuite de son époux.

– Laisse-le faire, Corinne! Caroline et Philippe ont des choses à se dire!

– Mais... s'interpose Corinne.

– David a raison, Corinne! intervient alors Marie-Ange, donnant son appui à son mari. Philippe et Caroline ont tous deux besoin de se parler. Assieds-toi et mange!

* * *

Philippe ouvre brusquement la porte de la chambre de sa fille. Lorsque Caroline l'aperçoit, elle blêmit. Philippe remarque immédiatement son air affolé et décide de rester sur le pas de la porte pour l'observer. Il la détaille en silence, lentement, mal à l'aise, ne sachant trop que dire. Il avait pourtant préparé un long discours, mais cela lui paraît totalement dérisoire à présent, voire même futile, sans aucune utilité. À bout de forces et las de lutter contre les sentiments qui l'oppressent, il baisse les yeux et soupire longuement. Les larmes qui inondent alors son visage confirme sa détresse profonde. Après quelques secondes de ce silence insupportable, il demande:

– Comment vas-tu?

Caroline croit qu'elle va s'évanouir de peine. Elle ne peut que balbutier:

– Je...

Le regard triste de son père la paralyse totalement. Cet homme, qu'elle aime démesurément, sans qu'il lui ait donné de raisons valables de le faire, lui apparaît soudain sous son véritable jour: c'est un être blessé, incompris et impuissant. Une constatation s'impose alors à son esprit: son père est un homme fragile, malgré son physique imposant et son apparence solide comme le roc. Sa présence trouble profondément la jeune fille.

Philippe reprend la parole, car il n'en peut plus de ce silence pire qu'une avalanche de reproches.

– Je comprends que tu n'aies pas très envie de m'adresser la parole, Caroline... J'en ai beaucoup à me faire pardonner...

Le cœur de la jeune fille se noue d'une tristesse insoutenable, une tristesse qui date d'aussi loin que sa plus tendre enfance.

– Je... je vais assez bien... grâce à mon grand-père! consent-elle à répondre sur un ton hargneux.

C'est plus fort qu'elle. La révolte fait rage en elle. Ses deux mains s'agrippent aux draps du lit, comme pour freiner la douleur imminente qu'elle sent monter du creux de sa poitrine. Une nausée soudaine menace de lui faire rendre son repas. Toute son attitude trahit son désarroi.

Un long silence s'installe à nouveau entre eux. Levant sur sa fille un regard bouleversé, Philippe prononce distinctement:

– Je suis revenu te demander pardon... pour tout le mal que je t'ai fait, Caroline...

Les sanglots étouffent sa voix.

– Non, papa! proteste Caroline. C'est trop pour moi... Je ne peux supporter cela...

Philippe laisse alors tomber ses bras le long de son corps affaibli. C'est un geste d'abandon. Il rend les armes, il ne désire plus lutter. Il n'en a plus la force.

– Je suis sincère, Caroline, commence-t-il. Depuis trois jours... je ne peux m'empêcher de me sentir responsable vis-à-vis de toi. Je suis désolé... C'est là un bien piètre discours, mais je te demande pardon. Pardon pour toutes ces années ou j'ai essayé de t'ignorer... Je pense cependant qu'il faut que tu saches certaines choses qui me concernent. Ce sont des vérités pas très agréables à entendre, mais je dois te les dire, afin que tu puisses comprendre pourquoi j'ai agi de cette façon envers toi...

Il ravale péniblement sa salive et poursuit sur un ton radouci:

– J'ai épousé ta mère... après l'avoir mise enceinte. Malgré l'amour que j'éprouvais pour elle, et que j'éprouve encore, je me suis toujours senti immoral et coupable envers elle. Et je me sens coupable aussi envers toi. J'ai cru que si je te donnais trop d'affection... Enfin... ce que je veux dire, c'est que j'avais peur que tu fasses la même expérience que ta mère et que tu te retrouves enceinte avant de rencontrer un type bien avec qui tu te serais mariée. Je ne voulais pas que cela t'arrive...

Un long silence accueille cette confession. Puis Philippe reprend la parole.

– C'est maintenant que je m'aperçois que j'ai eu tort, reconnaît-il en tentant de soutenir le regard de sa fille. Je te supplie de me pardonner... achève-t-il, la mort dans l'âme.

Caroline ferme les yeux. La vérité que son père vient de lui révéler lui déchire le cœur en mille miettes. D'une voix à peine audible, elle fait remarquer:

– Si tu m'avais donné un peu d'affection, j'aurais eu le courage de te dire ce qui se passait entre Bruno et moi. Je porte le vide de ton absence et de ton indifférence jusque dans mon corps, précise-t-elle en posant ses deux mains sur son ventre.

Déchirée, elle se voile le visage de ses deux mains et se met à crier à travers ses larmes:

– Tu n'avais pas le droit, papa! Tu n'avais pas le droit de m'ignorer comme tu l'as fait.

Une violente crise de larmes vient alors la chavirer, la laissant sans résistance.

– Je sais... murmure Philippe, impuissant en retenant ses sanglots. Caroline, pourras-tu jamais me pardonner?

– Je ne sais pas, papa.

– Je t'aime, Caroline, reprend Philippe avec force. Je t'ai toujours aimée. Si tu n'arrives pas à me pardonner, sache au moins que je t'aime plus que tout au monde... Ma puce... ma petite fille, murmure-t-il en enfouissant son visage dans ses mains tremblantes.

Son père vient enfin de prononcer les mots qu'elle avait toujours souhaité entendre. Elle ouvre les bras, invitant son père a venir la rejoindre.

Philippe répond à cet appel avec toutes les fibres de son être. Le père et la fille se jettent dans les bras l'un de l'autre.

– Ma petite fille... répète Philippe entre deux sanglots. Enfin, j'ai trouvé le chemin de ton cœur et du mien.

* * *

– Qu'allons-nous faire? demande à nouveau Philippe.

Cette discussion dure depuis plus d'une heure. Tout le monde est épuisé.

– J'ai une sœur à Québec, annonce David. Elle pourrait prendre soin de Caroline jusqu'à ce qu'elle accouche.

– Non. Je ne veux pas qu'elle quitte la maison, proteste Philippe.

Corinne s'emporte contre lui.

– Depuis une heure, tu refuses toutes les solutions que nous te proposons. J'en ai assez, Philippe. Sois raisonnable pour une fois!

– Arrêtez, les enfants! intervient Marie-Ange. Calmez-vous! Ce n'est pas en vous emportant de la sorte que vous réglerez cette affaire.

– Mais cette solution ne résout qu'une partie du problème, belle-maman! soutient Philippe. Que ferons-nous lorsqu'elle aura accouché? Nous devons trouver une façon qui permettra à Caroline de revenir à la maison avec son enfant.

– Moi, j'ai une idée, annonce Corinne sur un ton neutre.

Tous se tournent vers elle.

– Alors, dis-la! l'enjoint Philippe en haussant les épaules, sceptique.

– Je n'ai qu'à simuler une grossesse, laisse échapper Corinne d'une voix mal assurée, comprenant tout à coup ce que cette solution peut entraîner comme conséquences.

La réaction de Philippe se fait vive comme l'éclair.

– Bien voyons! Quelle idiotie!

Outrée par ce comportement excessif, Corinne se lève et frappe la table de son poing.

– Tu ne comprendras jamais rien à rien, Philippe Beaulieu! Depuis seize ans que je m'échine à te servir, à prendre soin de toi, et voilà, comment tu me traites! Cela fait seize ans également que je désire mettre un autre enfant au monde, sans y arriver. Mais toi, tu ne vois rien! Tu es aussi entêté qu'un mulet!

– Mais... proteste David, tu es stérile, Corinne.

– David! le coupe Marie-Ange en blêmissant.

– Quoi? crie Corinne.

Philippe s'écroule sans dire un mot. L'impuissance le submerge, il se sent emporté comme par un raz-de-marée.

– C'est vrai, Corinne. Tout est de ma faute, je n'ai jamais pu me résigner à te le dire, explique Philippe en fermant les yeux, afin de ne pas voir la réaction de sa femme.

Au même moment, Caroline descend l'escalier. Elle pose un regard sur chacun.

– Je veux garder cet enfant, lance-t-elle avec détermination. Je suis sa mère et je refuse qu'il aille en adoption.

Corinne respire à fond. La haine et le ressentiment font rage en elle. Sur un ton décidé, elle annonce:

– Nous ferons ce que je viens de proposer.

Puis, quittant sa chaise, elle s'approche de son époux, lève la main et lui administre une gifle retentissante en pleine figure en poursuivant:

– Ce sera l'enfant que j'attends de toi depuis toutes ces années pendant lesquelles ta lâcheté t'a fait garder le silence, Philippe!

Puis, sans un regard pour personne, elle s'en va dans sa chambre.

Philippe se lève à son tour et, portant une main à sa joue fiévreuse, il murmure:

– Excusez-moi...

Sans perdre une minute, il quitte la cuisine pour aller rejoindre sa femme. Une discussion orageuse s'amorce entre les deux époux, ce qui fait éclater en sanglots la pauvre Caroline. David l'attire à lui en disant:

— Ne t'inquiète pas, ma chérie. Cette querelle devait avoir lieu un jour ou l'autre. Tu n'y es pour rien, cela ne concerne qu'eux.

La jeune fille noue ses bras autour du cou de son grand-père et s'assoit sur ses genoux, tandis que Marie-Ange regarde son époux avec un air d'impuissance.

CHAPITRE 31

Québec, le 20 octobre 1961

Les yeux humides, Caroline embrasse une dernière fois ses parents sous le porche de la demeure de monsieur et madame Saint-Laurent. Elle s'accroche au cou de son père, lui faisant promettre de venir la voir le plus souvent possible.

Il a été convenu que Corinne simulerait une grossesse afin de pouvoir accueillir le nouveau-né dans la famille sans que personne sache la vérité. En attendant la naissance de l'enfant, Caroline doit vivre chez une des sœurs de David Hudon. Il s'agit d'un plan à toute épreuve qu'ils ont mis au point pour sauver la réputation de la jeune fille et lui permettre de continuer sa vie sans complication. Caroline ne peut toutefois s'empêcher d'être triste et de se sentir abandonnée par ceux qu'elle aime.

Philippe tente de la rassurer du mieux qu'il peut, bien qu'il soit lui-même passablement déchiré par cette séparation. Sa mère, pour sa part, lui promet de lui écrire souvent.

La raison qu'évoquera le couple pour expliquer la longue absence de leur fille sera qu'elle souffre d'asthme et qu'elle a besoin de soins prolongés pour assurer sa guérison.

Corinne porte déjà une robe de maternité pour éliminer tout doute concernant sa grossesse. Déjà, les gens du voisinage la félicitent et lui disent que c'est une bénédiction du ciel de se retrouver enceinte après tant d'années d'attente. Elle joue son rôle à merveille, simulant la femme épanouie à cause de la nouvelle vie qui grandit en elle. Mais ce que tous ignorent, c'est qu'elle se sent vraiment revivre à l'idée de s'occuper de nouveau d'un enfant.

Philippe, lui, est un homme nouveau. Au cours des deux derniers mois, il s'est consacré à rattraper le temps perdu en se rapprochant de sa fille. Il lui prodigue temps et tendresse à profusion, à un point tel, d'ailleurs, que cela en est devenu fatigant.

Loin de la surveillance paternelle, Caroline espère bouger un peu plus. Son poids a déjà augmenté de vingt livres, et son grand-père prétend que c'est beaucoup trop. Il maintient que sa petite-fille doit faire attention si elle ne veut pas souffrir de certaines maladies associées à la grossesse et dont elle ne se rappelle pas le nom.

Elle rougit de honte en entendant les nombreuses recommandations que son père donne à la vieille madame Saint-Laurent à son sujet.

– Au revoir, Caroline, entend-elle pour la dernière fois, alors que ses protecteurs quittent les lieux.

– Au revoir! répond-elle, la larme à l'œil.

Le cœur affreusement lourd, Caroline les regarde disparaître dans la rue. Madame Saint-Laurent lui adresse un doux sourire et lui tend la main pour la réconforter.

– Viens, mon enfant! Je vais t'aider à t'installer, dit-elle simplement, comprenant son désarroi.

Tout en remplissant de ses vêtements les tiroirs de la commode de sa nouvelle chambre, Caroline se met à penser à Bruno. Où est-il en ce moment? Et que fait-il? Malgré les circonstances pénibles dans lesquelles elle se retrouve, Caroline ne peut s'empêcher de songer que Bruno est une victime, tout comme elle d'ailleurs. Les derniers événements ont chamboulé la vie de toute la famille. Le regard anéanti de son oncle quittant la maison lors de ce drame ne cesse de la hanter. Elle sait que toute sa vie sera à jamais marquée par cette vision douloureuse associée au départ de son oncle.

– Je crois que tu seras à ton aise ici, Caroline, fait remarquer madame Saint-Laurent d'une voix enjouée.

– Oui... Oh pardon, madame Saint-Laurent! Je réalise que je ne suis guère polie, je me sens un peu... disons, déracinée.

– On le serait à moins, répond la vieille dame en souriant. Il ne faut pas trop réfléchir à tout ce qui t'arrive, mon enfant! L'avenir te sourira, j'en suis certaine. Ton mari reviendra, et tu seras à nouveau heureuse, crois-moi.

La voix de cette femme est remplie de tendresse, ce qui rassure Caroline. Cette idée d'un mari qui fait son service militaire vient de Marie-Ange. Tout comme celle d'emprisonner ses cheveux dans un lourd chignon afin qu'elle paraisse quelques années de plus.

Caroline se prend à examiner le visage légèrement parcheminé de sa bienfaitrice. Malgré les rides prononcées au coin des yeux, elle reconnaît le regard tendre de son grand-père Hudon posé sur elle. Cette pensée suffit à la réconforter.

— Merci, madame. Je suis heureuse d'être ici. Je pense que je serai très bien auprès de gens aussi chaleureux que vous et monsieur Saint-Laurent.

— Nous prendrons soin de toi, mon enfant. Nous aimons beaucoup ta grand-mère, Marie-Ange. C'est une femme remarquable, qui a su rendre notre David plus qu'heureux. Nous lui devons bien de prendre soin de sa petite-fille!

— Merci! Vous êtes vraiment gentille, madame, murmure Caroline, passablement émue.

— Je vais te faire une suggestion. Mon mari et moi aimons bien jouer aux cartes. Je sais que ce n'est pas tellement de ton âge, mais tu nous ferais bien plaisir si tu acceptais à l'occasion de nous accompagner. Cela t'aiderait à passer le temps et à oublier tes petits ennuis.

— Je serais ravie de le faire, assure Caroline en souriant.

– Alors, viens, ma petite Caroline. Tu verras, mon coquin de mari est imbattable aux cartes!

– J'ai bien hâte de voir ça! répond Caroline, en riant aux éclats cette fois.

– Je te garantis que tu ne seras pas déçue! Au fait, notre fille Jocelyne nous a offert un téléviseur en cadeau de Noël. Il faut dire qu'elle est très riche et que l'argent n'est pas un problème pour elle. Son mari possède le plus gros commerce de meubles de Québec. As-tu déjà regardé la télévision?

– Oui! Papa nous en a offert une il y a deux ans.

– Tu as donc déjà tes émissions préférées?

– Oui!

– Parfait! Viens, mon enfant, je pense que nous nous entendrons très bien toutes les deux.

– J'en suis certaine, madame Saint-Laurent, acquiesce Caroline, bien décidée cette fois à tout faire pour rendre son séjour à Québec intéressant.

* * *

L'hiver s'écoule paisiblement. La neige tombe abondamment, recouvrant de son épais manteau blanc le sol frissonnant. Souvent, Caroline sort un peu pour se rafraîchir les idées et pour tromper le temps qui passe trop lentement, à son goût. Son père lui manque, et l'ennui est au rendez-vous. Elle se demande comment sera sa vie lorsqu'elle retournera enfin chez elle, à Rimouski. Mais, curieusement, elle ne peut pas se faire une idée juste de son avenir.

CHAPITRE 32

Rimouski, le 10 mars 1962

Seule au magasin, Corinne s'affaire à servir un client qui s'éternise, se perdant en bavardages inutiles, ce qui la rend folle d'impatience. L'heure n'est pas aux mondanités. En réalité, Corinne est furieuse contre Philippe. Son mari est parti tôt hier matin pour rejoindre Caroline à Québec et il l'a laissée seule pour s'occuper du commerce.

Néanmoins, Corinne fait des efforts pour contenir ses sautes d'humeur. Elle doit admettre que l'inquiétude lui ronge le cœur. L'accouchement de sa fille était prévu pour le 1er mars, et voilà que le bébé tarde à venir au monde. Pourquoi? David lui a expliqué de nombreuses fois que cela arrive lors d'une première grossesse, mais Corinne ne peut s'empêcher de se faire du souci pour Caroline. Un mauvais pressentiment l'habite.

Il faut dire aussi qu'elle en a assez de porter cette prothèse inconfortable qui lui lacère la taille et le dos. Cette supercherie commence à peser lourd sur sa conscience. Elle doit mentir sans arrêt, même au curé de la paroisse. Elle n'avait pas pensé comment cette supercherie pouvait être pénible à supporter.

Le client quitte enfin le magasin. Soulagée, Corinne retourne à la cuisine et branche la bouilloire électrique pour se faire du thé. Dieu! qu'elle en veut à Philippe! Il lui a pourtant promis de l'appeler dès son arrivée à Québec. Mais, selon son habitude, il n'a rien fait. Pourquoi? Pourquoi la met-il toujours ainsi de côté? Et pourquoi persiste-t-elle toujours à lui faire confiance? Elle s'en veut de s'illusionner de la sorte. Elle n'est qu'une pauvre idiote, une éternelle naïve.

La sonnerie du téléphone vient interrompre ses réflexions. Elle se précipite sur l'appareil pour répondre:

– Allô! crie-t-elle presque, tellement elle espère que ce soit enfin Philippe qui daigne se manifester.

– Corinne!

– Enfin, c'est toi! Tu fais exprès de me laisser sans nouvelles. Je suis furieuse contre toi!

– Corinne! la coupe aussitôt Philippe. Saute dans le prochain train et viens me rejoindre au plus vite. Caroline va accoucher d'ici quelques heures.

– Ah mon Dieu! Mais le prochain départ n'est qu'à quatre heures, et il n'est que onze heures trente.

– Je n'ai pas le temps de discuter. Fais ce que tu peux!

Et il raccroche. Ahurie, Corinne pousse un cri d'indignation.

— Il va voir, ce sale crétin, de quoi je suis capable!

Ses gestes deviennent précipités et méthodiques. Mue par une détermination à toute épreuve, elle se précipite vers sa chambre pour aller faire ses bagages. En passant, elle s'arrête un instant pour verrouiller la porte du magasin et y installer, bien en vue, l'écriteau «Fermé pour quelques jours». Elle revient ensuite dans sa chambre pour poursuivre sa tâche. Puis elle retourne au magasin pour ramasser le tiroir caisse. Elle compose la combinaison du coffre-fort, y dépose le tiroir sans avoir compté l'argent au préalable. Après avoir ramassé cinq billets de cents dollars, elle verrouille le coffre-fort. Enfin, elle téléphone à un taxi local, court fermer et verrouiller toutes les issues de la maison, enfile son manteau et sort dehors pour attendre son taxi.

Elle fera le trajet de Rimouski à Québec en taxi. C'est ce qu'elle a décidé. *«Au diable, Philippe Beaulieu!»* pense-t-elle.

* * *

— Qu'est-ce qui se passe, David? questionne Philippe d'une voix qui craque sous le poids de l'inquiétude.

— Je n'en sais trop rien, mais il faut l'emmener à l'hôpital de toute urgence. Vite, Marie-Ange, appelle une ambulance! commande le médecin, la voix anxieuse.

— Mais allez-vous me dire ce qui se passe? demande de nouveau Philippe, blême comme la mort.

– Caroline est en train de faire une crise d'éclampsie. Vite, Marie-Ange, dépêche-toi!

– Qu'est-ce que c'est? insiste Philippe, en proie à un accès d'hystérie.

– C'est grave, Philippe! Cela provoque des convulsions et peut entraîner le coma, comme c'est le cas maintenant. C'est une complication qui ne concerne que les femmes enceintes, s'empresse-t-il d'expliquer sur un ton terriblement nerveux.

– Que va-t-il lui arriver?

– Je ne peux pas me prononcer pour le moment.

– Mais cela n'a aucun sens...

– Je sais... mais je ne peux malheureusement rien faire pour l'instant, répond le médecin, profondément attristé.

– Mon Dieu! Vous voulez dire qu'elle peut en mourir?

Philippe a du mal à prononcer ces mots, tellement ils suscitent l'horreur en lui. Espérant que son beau-père dramatise la situation, il s'accroche à son regard, souhaitant y lire un peu d'espoir. Mais le regard du vieil homme ne fait que lui refléter ses propres peurs. L'idée même que Caroline puisse quitter ce monde de cette façon horrible lui semble complètement irréelle. Il s'interdit même d'y penser.

L'ambulance arrive en trombe. Caroline est toujours inconsciente. On la transporte à l'hôpital le plus près de chez les Saint-Laurent et on empêche Philippe d'entrer dans la salle d'opération.

Quant à David, il est autorisé à suivre le corps inerte de la jeune fille. On fait appel à un gynécologue qui l'examine avec attention. Soudain, la voix du spécialiste claque comme un coup de fouet:

– Césarienne! L'enfant est mal placé!

– Tout de suite, docteur, répond une infirmière.

Tout se met en place pour une intervention chirurgicale.

C'est alors que le spécialiste remarque la présence de David.

– C'est votre patiente? demande-t-il sur un ton professionnel.

– Oui... et... c'est aussi ma petite-fille. Elle... elle ne s'en sortira pas, n'est-ce pas, docteur?

Son cœur bat à grands coups redoublés, alors qu'il pose cette question.

– J'ai bien peur que non, docteur. Je crois que vous devriez sortir d'ici.

– Vous avez raison. Je vais aller retrouver son père. Je pense que je serai plus utile de cette façon...

– Je vous donne des nouvelles de son état dès que je le peux, l'assure le médecin en lui tapotant légèrement le dos.

– Merci! Faites... tout ce que vous pourrez..., ose-t-il ajouter, comprenant que c'est parfaitement inutile.

David quitte le bloc opératoire, en proie à une forte agitation. Il sait d'avance ce qui arrivera, mais il se refuse à l'admettre. À quelques reprises, durant sa carrière de médecin, il a dû assister complètement impuissant, à la mort d'une femme atteinte de cette terrible maladie sans qu'il puisse rien tenter pour elle. Ces souvenirs pénibles refont surface en lui, mais il doit se reprendre. Aussi s'efforce-t-il de respirer calmement. Il lui faut lutter contre le désespoir pour aider Philippe et Corinne à passer à travers cette nouvelle épreuve.

Dès que Philippe aperçoit son beau-père, il se lève et court à sa rencontre. Sa voix anxieuse parvient à l'esprit de David et l'oblige à retrouver un calme apparent.

– Que se passe-t-il, David? demande Philippe.

– Ils doivent faire une césarienne à Caroline pour sauver l'enfant. Il est mal placé...

Ce commentaire ramène automatiquement Philippe dans le passé.

– Mon Dieu! se dit-il, effrondré. Tout comme Corinne!

– Oui..., mais cette fois, c'est pire, Philippe. Caroline fait face à une grave maladie.

– C'est sans espoir alors? s'inquiète Philippe, le visage inondé de larmes.

– Tant qu'il y a de la vie, il y a de l'espoir, Philippe! répond David, tentant lui-même de s'en convaincre.

– Alors, elle survivra! Elle doit survivre! Elle n'a pas le droit de mourir... Elle a tellement souffert par ma faute. Mon Dieu! Caroline doit vivre..., vous m'entendez, David? Elle doit absolument vivre... Elle n'a pas le droit de partir et de me laisser seul avec une douleur aussi cruelle au fond du cœur... Non! Elle n'a pas le droit!

– Philippe! Ressaisissez-vous! l'enjoint David.

Mais Philippe se met à hurler, complètement désemparé. Des infirmières accourent vers lui et lui administrent un sédatif pour le tranquilliser. Il cesse aussitôt de crier, et on l'étend sur une civière. Assis à ses côtés, la tête entre les mains, David veille sur lui, priant inlassablement pour qu'un miracle se produise et qu'ils sortent de ce nouveau cauchemar.

Marie-Ange arrive à cet instant. Elle rejoint son époux et s'assoit près de lui en silence. En voyant l'état dans lequel se trouvent les deux hommes, elle comprend d'emblée ce qui se trame de pénible. L'atmosphère est pesante, et la mort rôde dans le corridor de l'hôpital. Personne ne parle. Cette attente dure deux heures. Elle prend fin avec le retour du spécialiste qui s'approche d'eux d'un pas rapide.

– Monsieur Beaulieu!

– Oui? murmure Philippe, qui se lève en blêmissant.

– Votre fille a repris conscience.

– Elle va donc guérir? s'informe Philippe, le cœur fou d'espoir.

– Rien n'est moins sûr, monsieur Beaulieu. Il est trop tôt pour se prononcer... mais votre fille réclame votre présence.

– J'y vais! lance Philippe d'un ton décidé.

– Suivez-moi!

– Je peux y aller aussi? s'informe alors David.

– Évidemment..., mais juste vous deux, ajoute le médecin à l'intention de Marie-Ange. Il faut ménager cette enfant.

– Nous revenons dès que possible, Marie-Ange, dit David en embrassant son épouse.

– Je vous attends ici. Je ne bougerai pas, l'assure cette dernière d'une voix affaiblie par la peine.

– Bien!

Les deux hommes s'engagent à la suite du médecin dans un long corridor qui les conduit dans la salle des soins intensifs. Philippe entre le premier et voit immédiatement une forme blanche branchée à de nombreuses machines. Il entend le bruit incessant et désagréable qui scande les battements de cœur de la jeune fille. Dès qu'il se retrouve à ses côtés, il s'empare d'une de ses mains et se remet à pleurer.

– Papa..., entend-il alors prononcer d'une voix à peine audible, une voix si basse qu'elle lui chavire atrocement le cœur.

– Je suis là, chérie, dit-il doucement. Ne te fatigue pas. Tu ne dois pas parler. Il faut que tu récupères le plus rapidement possible... marmonne-t-il, la mort dans l'âme.

– Papa... elle s'appelle... Anne-Julie...

– Caroline... je t'en prie, ne parle pas, insiste Philippe.

– Je... veux... que tu... l'appelles... Anne-Julie, maintient-elle dans un murmure.

– Chut! Caroline! Je t'en supplie... tais-toi! sanglote-t-il.

– Anne-Julie... Papa... Promets-le-moi...

– C'est promis! On l'appellera Anne-Julie, concède-t-il, envahi d'une tristesse insurmontable.

– Tu t'occuperas... bien d'elle... Tu dois l'aimer, papa...

– Caroline... je l'aime déjà... tout comme je t'aime, toi.

– Prends soin d'elle... papa....

– Chérie, accroche-toi... Tu dois vivre! hurle Philippe, qui comprend que Caroline est en train de lui faire ses adieux.

– Je... t'ai...me... pa...pa...

– Moi aussi, Caroline.

– Adieu... De l'au-delà... je veillerai... sur toi... et sur Anne-Julie...

Comme délivrée d'un grand poids, Caroline sourit. Elle ose sourire alors qu'un son strident et aigü emplit la pièce. C'est un signal d'alarme. Aussitôt, des membres du personnel de l'hôpital font leur entrée en poussant devant eux un chariot chargé de nombreux appareils montés. Ils repoussent Philippe et l'obligent à sortir de la pièce.

– NON! hurle-t-il comme un déchaîné.

Il ne peut plus s'arrêter. Il s'agite comme un diable dans l'eau bénite. On l'agrippe, on le rudoie, on le maintient fermement, mais il continue de se débattre. Une fureur démentielle monte en lui, une révolte qu'il ne maîtrise pas. L'envie de tout casser dans l'hôpital. Le rejet de l'insupportable vérité.

Marie-Ange rejoint le petit groupe qui tente désespérément de calmer son gendre. Malgré ses mots de réconfort, David ne peut y arriver. En dernier recours, il lui administre un coup de poing en plein visage. Philippe s'effondre. Les larmes ruissellent sur ses joues. On le lâche en ne le quittant pas des yeux. Il se sert de ses bras comme bouclier pour camoufler son visage. Son corps se replie sur lui-même. La douleur est trop forte, et il se met à gémir. Accroupi sur ses genoux sur le sol froid de l'hôpital, il pleure son désespoir. Personne ne peut rien faire pour lui. Le spécialiste qui revient à ce moment est témoin de cette scène hallucinante.

– Je regrette... amorce-t-il d'une voix impuissante. C'est fini! Nous avons tout tenté pour la ranimer. Malheureusement... elle n'a pas survécu!

Le visage inondé de larmes, Marie-Ange se précipite sur son gendre. Le prenant dans ses bras, elle le berce en prononçant des paroles incompréhensibles, comme s'il s'agissait d'un petit enfant.

Une infirmière les oblige à se relever. Elle injecte à nouveau à Philippe cette substance magique qui est censée lui enlever cette insupportable douleur. On l'étend sur une civière. À cet instant précis, Corinne fait son entrée. Après avoir embrassé la scène d'un rapide coup d'œil, elle ralentit l'allure et lève les bras au ciel en disant:

– Que se passe-t-il?

Marie-Ange se lève pour aller à sa rencontre. Les larmes aux yeux, elle reçoit sa fille dans ses bras en annonçant:

– Caroline n'est plus, Corinne... Mais... elle nous a laissé une autre petite fille à aimer... Tu dois être forte, Corinne...

– Quoi? Mais que dis-tu, maman? suffoque Corinne, ahurie.

– Caroline est morte des suites de son accouchement. Tu dois te ressaisir, Corinne. Anne-Julie et Philippe auront besoin de toi dorénavant. Ils auront besoin de ta force et de ton courage...

CHAPITRE 33

Rimouski, le 14 mars 1962

Le temps est maussade à Rimouski. Le paysage est assombri par de gros nuages chargés de neige dont les flocons tombent, alourdis, sur le sol, encombrant les rues de la ville en effervescence en cette fin d'après-midi de mars.

Tenant dans ses bras un nourrisson emmailloté dans une chaude couverture de laine, Corinne fait son entrée dans la demeure, immédiatement suivie d'un Philippe au regard sans vie, d'une Marie-Ange au visage affaissé et d'un David à la mine basse. Ils sont tous silencieux, car ils viennent d'enterrer Caroline.

La tristesse insurmontable qui habite le cœur de ces braves laissera des cicatrices profondes en chacun d'eux.

Comme pour leur rappeler sa présence, l'enfant geint doucement. Marie-Ange étudie d'un air las la mine de Corinne et lui propose:

– Laisse-la-moi, Corinne. Va dormir quelques heures. Tu en as grandement besoin. Je vais nourrir la petite et la coucher.

– Non, répond Corinne en regardant fixement sa mère, je vais le faire moi-même. Il est important que j'apprivoise cette enfant. Je suis devenue sa mère désormais.

– Fais comme tu veux alors...

– Je vous sers un verre de cognac, Philippe? propose David, désirant à son tour veiller au bien-être de son gendre.

– Oui. Merci, David.

David lui tend un verre et s'en verse un par la même occasion. Puis, il s'installe douillettement sur le canapé et s'adresse à Philippe en ces termes:

– Écoute, Philippe, il faut absolument que tu te ressaisisses. Tu as une femme et une enfant à nourrir. Tu dois vaincre ta tristesse le plus rapidement possible... Tu m'entends, Philippe? insiste le médecin avec, dans la voix, une note de confrontation qu'il souhaite efficace.

La voix basse de Philippe le surprend à cause de son intonation de dépit:

– Comment pourrai-je arriver à vivre normalement... comme avant..., comme si rien ne s'était passé? Vous ne comprenez pas que je suis responsable de la mort de ma propre fille?

– Tu n'as tué personne, Philippe, proteste vivement Marie-Ange, horrifiée. Caroline serait probablement morte en couches, de toute façon... Elle n'était pas constituée pour donner la vie.

– Mais... ne voyez-vous donc pas que je l'ai prématurément poussée dans les bras de... mon frère? prononce-t-il d'une voix hésitante. Il va sans dire que je suis la cause indirecte de cette mort qui s'est faite à petit feu sous mes yeux...

– Nous comprenons ton sentiment de culpabilité, Philippe, intervient David qui quitte le canapé pour venir poser sa main sur l'épaule de son gendre. Mais nous n'y pouvons rien. Personne n'a le pouvoir de sauver, de diriger ni de conserver la vie d'aucun être humain sur cette terre. Tu m'entends, Philippe? Personne! Tu aurais pleuré la mort de Caroline tôt ou tard... dans une autre circonstance... Toi et ta fille, vous vous êtes réconciliés avant sa mort. C'est cela qui est important maintenant. Tu lui as donné plus de bonheur en un an qu'elle n'en a jamais reçu en dix-sept ans de vie. Tu dois t'accrocher à cette idée. Expie ta faute vis-à-vis de Caroline en aimant Anne-Julie. C'est le cadeau qu'elle t'a laissé. Ce n'est qu'ainsi que tu pourras vivre en paix. Imagine que l'enfant soit morte aussi... Tu aurais été incapable de te regarder en face pour le reste de tes jours. Tu as l'incroyable chance de te racheter auprès de la fille de Caroline. Elle t'a laissé un morceau de sa vie... la chair de sa chair, le sang de son sang... Peux-tu le réaliser, Philippe? Peux-tu imaginer ce que cela représente pour toi dorénavant?

Philippe fixe un point imaginaire, quelque part sur le mur du salon, puis il hoche la tête affirmativement en guise de réponse. Son affliction fait peine à voir. Au bout de quelques minutes, il se reprend en disant:

– C'est vrai... Ça, vous pouvez être certain que je me rachèterai envers ma fille. Anne-Julie sera ma consolation, ma raison d'exister... Je vais prendre bien soin d'elle et l'aimer jusqu'à l'étouffer de mon amour. Jamais elle ne connaîtra les tragiques circonstances de sa naissance. Je serai son père, son unique père, et je veillerai sur elle jusqu'à ma mort, jusqu'à mon dernier souffle!

– Voilà qui est beaucoup mieux, affirme David. J'aime bien cette réaction. Tu t'en sortiras, Philippe, j'en suis convaincu. Tu es fort et tu sauras faire ce qu'il faut. Anne-Julie aura le meilleur des pères, en l'occurrence toi!

Marie-Ange, qui suit cet échange de près, soupire. Elle songe à Corinne. Personne ne se soucie vraiment de ce que sa fille ressent en ce moment. Selon son habitude, Corinne a traversé ces jours difficiles la tête haute et en silence. Elle n'a même pas versé une seule petite larme. Cette attitude est anormale pour une mère qui vient de perdre son unique enfant.

– Je vais de ce pas retrouver Corinne, annonce Marie-Ange, soudain pressée de se rendre auprès de sa fille.

– Oui, c'est une bonne idée, Marie-Ange, répond David, qui comprend le bouleversement qui perturbe son épouse. La pauvre enfant doit être très ébranlée.

– C'est ce que je me dis, se contente-t-elle de répondre tristement.

D'un pas lourd, Marie-Ange se dirige vers la chambre de Corinne. Elle la retrouve assise sur son lit avec, blottie contre son épaule, la petite Anne-Julie qui boit avec avidité sa bouteille de lait. La rejoignant, elle s'assoit à ses côtés. Sa fille lève les yeux et sourit tristement. Après quelques secondes de silence, elle murmure:

– Elle est jolie, cette enfant, n'est-ce pas, maman?

Marie-Ange devine le dépit qui se cache sous cette remarque.

– Oui... très jolie, approuve-t-elle. Elle te ressemble lorsque tu étais petite.

Corinne soupire et demande:

– Tu crois?

– Oui, énormément.

– Au moins, personne n'aura de doute sur ses origines, poursuit-elle avec amertume. C'est à croire que j'ai pressenti cela...

– Ne sois pas si amère, Corinne.

– Comment pourrais-je ne pas être amère, maman? Ça, c'est le comble! Ne trouves-tu pas cette situation ironique? Ma fille bien-aimée tombe enceinte de son oncle parce que son père lui a refusé l'amour auquel elle avait droit. Ensuite, je simule une grossesse pour sauver son honneur, alors que, pendant de longues années, j'ai moi-même ardemment désiré donner la vie à un autre enfant. Ma fille meurt d'une façon tragique, et je me retrouve tout bonnement mère de son enfant. Conçu par elle...

dans le péché... de façon honteuse. De surcroît, comme si tout cela n'était pas suffisant, nous allons devoir vivre dans le mensonge en dissimulant la vérité au monde entier. Cette enfant ne connaîtra jamais ses origines. Elle croira que nous sommes ses parents alors que nous sommes ses grands-parents... C'est d'un mauvais goût, ne trouves-tu pas, maman? Et, en plus, on ose me demander de ne pas être amère!

Corinne a débité son discours sur un ton de voix qui exprime sa profonde révolte. Ses lèvres frémissent de fureur contenue. Ses émotions sont comme un volcan en éruption.

– Je comprends ce que tu peux ressentir, mon enfant, répond Marie-Ange, qui ne peut nier que cette situation soit plus qu'inconfortable. Elle-même n'éprouverait certainement pas de meilleurs sentiments si elle se retrouvait dans les mêmes conditions.

– J'ai l'impression d'être plongée au cœur d'un horrible cauchemar, reprend Corinne. Et toi, tu dis que tu comprends? Eh bien moi, je ne comprends pas.

Les remords et les craintes emmagasinés en elle depuis plusieurs jours font surface avec violence.

– Chaque soir, poursuit-elle, j'ai prié Dieu pour qu'Il me donne la joie d'être à nouveau mère. Eh bien, il semblerait que j'ai été exaucée. Je l'entends me parler du haut de son paradis. Écoute, maman, ce qu'Il me dit. Il me dit:

Tu désirais un autre enfant, Corinne? Tu n'es donc pas heureuse de la fille que je t'ai déjà donnée, malgré les erreurs graves que tu as commises?

Eh bien, tu l'auras, cet autre enfant! Mais pas de la façon dont tu l'avais espéré. Pour qui te prends-tu, Corinne Gagnon Beaulieu? Tu es bien trop mauvaise pour mériter un tel cadeau! Tu perdras ta première née et tu élèveras sa propre fille. C'est tout ce auquel tu as droit. Parce que tu dois bien te douter que tu n'es pas digne de mieux... Ha! Ha!

Marie-Ange sursaute, horrifiée, par la hargne que manifeste Corinne. Tout le temps qu'ont duré les obsèques de Caroline, elle a bien soupçonné l'amertume de sa fille. Mais jamais elle n'aurait cru que ce drame puisse la rendre aussi aigrie et désarmée.

— Tu m'étonnes, Corinne! fait Marie-Ange, surprise. Je suis sûre que tu ne penses pas un traître mot de ce que tu dis.

— Tu te trompes, maman! répond cette dernière en se levant, la petite toujours lovée contre elle. Qu'est-ce que tu croyais? Que j'allais accepter cette nouvelle situation sans gémir et sans grincer des dents, dans l'abnégation la plus totale? Que je serais la femme soumise et docile que l'on peut ballotter au gré des humeurs de chacun? Je regrette... mais ce n'est pas ainsi que je fonctionne! Qui suis-je, moi? Qu'ai-je fait de si mal sur cette terre pour mériter un tel châtiment? Suis-je si indigne que l'on me refuse de vivre une vie honorable d'épouse et de mère? Je devrais me taire peut-être? Et sourire devant cette vie de merde qui, jusqu'ici, ne m'a apporté que désenchantement! Je n'ai pourtant rien fait de mal, à part de tomber éperdument amoureuse d'un homme mou et sans cervelle. Il a beau ressembler à Clint Eastwood et faire tourner les têtes de toutes les femmes du quartier, il n'a rien su faire de plus utile que de se concentrer sur son petit nombril. Et lui, que mérite-t-il? Mon amour, peut être? Ainsi que ma tendresse, ma compréhension et mon pardon, je suppose? Il a tué ma fille... et je devrais sourire et accepter la vie qui m'est offerte sans jamais élever la voix? Sans rechigner, sans me plaindre, sans geindre d'aucune façon? Sapristi! Pour qui me prenez-vous? Pour une grenouille de bénitier? Pour une femme sans âme! un robot que la souffrance n'atteint pas? une espèce de machine sans cœur et sans sentiment?

L'impact de cette scène violente est tel que la petite Anne-Julie se met à pleurer. Le ton impératif de Corinne l'a terrifiée, c'est évident. Mise en colère par la réaction de l'enfant, Corinne la dépose sans ménagement sur le lit. Marie-Ange est mise en alerte par ce mouvement d'impatience, mais Corinne continue de lancer ses paroles blessantes sans ralentir le débit.

– Tu penses réellement, maman, que je me sens capable de continuer à vivre comme si rien ne s'était produit? C'est cela que vous voulez tous? Je ne pourrai même plus coucher avec Philippe. Je le hais, maman! Je le hais de toutes les fibres de mon être. Il m'a pris ce que j'avais de meilleur, sans jamais réaliser que son bien-être était le but ultime de ma vie. Je l'ai aimé. Je l'ai supporté dans ses épreuves comme dans ses joies. Je l'ai entouré, presque adoré. J'ai tout enduré, tout accepté de lui sans jamais rien exiger. Mais ce que j'ai fait n'était pas encore suffisant. Il m'a enlevé ma fille chérie... mon bébé, la seule personne qui réussissait à mettre un peu de baume sur mes renoncements. La seule personne qui me donnait l'impression d'être quelqu'un et non pas un meuble qu'on époussette de temps à autre!

Soudain, Corinne se tait, tandis que des larmes de frustration coulent sur ses joues en feu. Son cœur se soulève de révolte et de peine. Elle crie, pleure, gémit sans pouvoir s'arrêter. Sa mère assiste, impassible, à cette crise à retardement.

Corinne pleure ainsi pendant plus d'une heure, faisant face à son drame, ne cherchant plus à maîtriser sa douleur. Elle laisse déferler le trop-plein de ses émotions sans rien retenir.

Lorsqu'elle la sent un peu calmée, Marie-Ange lui dit, d'une voix à la fois ferme et douce:

— Maintenant, j'ai la certitude que tu y arriveras... Tu reprendras ton rôle d'épouse et de mère avec le sens du devoir que l'on te connaît, ma douce Corinne. Tu es née pour ça...

— Maman... maman...

— Je sais, chérie, que se sera difficile. Mais tu t'en sortiras, digne et noble comme tu l'as toujours été.

Marie-Ange est convaincue que sa fille bien-aimée pourra affronter l'avenir, parce que c'est dans sa nature de le faire. C'est inscrit dans ses cellules...

CHAPITRE 34

Rimouski, le 10 mai 1963

Et puis, le miracle s'est produit. Corinne a tenu le coup. Elle a repris sa destinée en main. Au début, c'était pénible pour elle. Elle a mené une guerre froide vis-à-vis de Philippe, en l'ignorant le plus souvent possible. Pendant les six premiers mois qui ont suivi la mort de Caroline, la communication a été pratiquement inexistante à l'intérieur de leur couple. Mais, petit à petit, Corinne a dû admettre que de profonds changements marquaient dorénavant les comportements et les attitudes de son homme.

Philippe, en fait, est devenu méconnaissable. Il prend désormais très à cœur ses responsabilités d'époux et de père, redoublant de sollicitude envers Corinne, lui octroyant des temps de repos en s'occupant du magasin et de la petite Anne-Julie. Il emmène cette enfant partout où il va, s'émerveillant de son développement et partageant sa joie avec les clients qui le visitent. Ces derniers l'entendent parfois rire alors qu'il change la couche du bébé où qu'il lui donne un bain. Cet homme, elle ne le reconnaît plus et elle apprend à le découvrir chaque jour davantage. Et, curieusement, ce même homme est celui qu'elle avait espéré toute sa vie.

Quoique la blessure soit toujours aussi profonde, Corinne apprend à l'apprivoiser et à vivre avec elle. Bien sûr, ils ne font plus l'amour. Corinne s'en sent encore incapable. Mais Philippe accepte la situation et ne fait aucune pression sur elle. Corinne ignore ce que son époux pense de tout cela, mais elle apprécie sa tolérance et refuse de s'inquiéter à ce sujet. Peut-être qu'un jour tout redeviendra comme avant. Peut-être pourra-t-elle à nouveau le voir comme un homme désirable.

– Philippe?

– Oui, chérie.

– Je vais au cinéma.

– Bien! Je m'occupe de la petite. Amuse-toi bien.

– Merci!

Corinne enfile son imperméable, couvre sa chevelure d'un foulard et disparaît dans la nuit, laissant Philippe seul avec Anne-Julie.

Dehors, il fait encore froid et humide en cette soirée de mai. Le climat de Rimouski est presque toujours rigoureux, même en cette saison. Le vent frais du large traverse effrontément son imperméable qui ne suffit pas à la réchauffer. Mais à cause de ce vent violent qui pousse les nuages vers l'ouest, on devine que le temps sera plus clément demain.

Marchant d'un pas alerte, Corinne se hâte dans la rue, sans se douter un seul instant que quelqu'un l'épie.

Debout, le dos appuyé contre un arbre, Bruno surveille la porte arrière de la maison de Philippe. Il frissonne d'appréhension. Osera-t-il aller jusqu'au bout de son impossible dessein? Cela fait des mois qu'il tente d'avoir une conversation téléphonique acceptable avec son frère. Mais Philippe raccroche toujours brusquement le récepteur dès qu'il reconnaît sa voix. Néanmoins, les quelques paroles échangées ont suffi pour que Bruno apprenne la mort tragique de Caroline.

Perdu dans les ténèbres de son affliction, Bruno a végété pendant de longs mois, jusqu'à ce qu'il déniche cet emploi pour le journal *Le Soleil,* où il écrit la rubrique nécrologique, en attendant qu'on lui offre mieux.

Lorsqu'il aperçoit Corinne, la déception se peint sur son visage. Il aurait souhaité que ce soit Philippe qui sorte, car il aurait été plus facile de convaincre Corinne de lui montrer sa fille.

– Et puis zut! lance-t-il sur un ton déterminé. Je suis maintenant rendu trop loin pour reculer.

Il avance prudemment sur la chaussée humide et traverse la cour arrière du voisin de Philippe avant de se retrouver sur le terrain de son frère. Tel un cambrioleur, il ouvre délicatement la porte et se glisse, à pas feutrés, dans la cuisine de la maison de son frère.

Philippe berce tranquillement la petite Anne-Julie pour l'endormir. L'enfant suce son pouce en ronronnant doucement. Émerveillé, Philippe prend une de ses menottes entre ses doigts d'homme vigoureux. Anne-Julie ne bronche pas. La sécurité tranquille de cette enfant ne cesse d'émouvoir Philippe. Comment ne pas s'attendrir devant ce petit être sans défense?

Un bruit derrière son dos attire alors son attention. Il sursaute violemment, et un cri de stupeur s'échappe de sa gorge dès qu'il reconnaît Bruno. Anne-Julie se met aussitôt à pleurer. Se levant brusquement de sa berceuse, Philippe demande:

– Que fais-tu ici?

– Je veux voir mon enfant, répond fermement Bruno.

Philippe entoure de ses bras le corps frêle d'Anne-Julie comme pour la protéger de son père et se dirige vers l'escalier en criant:

– Sors d'ici! Tu n'es pas le bienvenu.

Mais Bruno poursuit son frère jusqu'à l'étage supérieur.

– Je veux juste voir mon enfant, lance-t-il. Elle est ma fille après tout!

– Elle n'est pas ta fille! s'emporte Philippe.

Anne-Julie se met à crier, effrayée.

— Tu vois ce que tu fais? Tu terrorises cette enfant! reproche Philippe, à mi-chemin de son ascension dans l'escalier.

— Comment s'appelle-t-elle? s'informe Bruno, des sanglots plein la gorge.

Philippe console la petite en lui murmurant des paroles rassurantes.

— Elle s'appelle Anne-Julie, répond Philippe. Maintenant, pars d'ici. Ta place n'est pas auprès d'elle.

— Je voudrais la prendre dans mes bras quelques instants...

— NON! hurle Philippe, qui poursuit sa marche jusque dans la chambre de l'enfant.

— S'il te plaît, Philippe, supplie Bruno, juste pour cette fois! Je te promets que je partirai et que je ne viendrai plus vous importuner.

Philippe dépose Anne-Julie dans sa couchette et lui donne sa sucette. L'enfant se calme aussitôt. C'est alors que Bruno se penche sur elle pour mieux la voir.

— Ce qu'elle est belle! constate-t-il en reniflant au milieu de ses larmes.

Philippe ferme les yeux. Il se sent tiraillé entre la colère et la pitié. Il ne sait plus quelle attitude adopter: une poussée d'adrénaline lui dicte de ficher son pied au derrière de son frère alors qu'un sentiment de pitié l'incite à se montrer plus compatissant envers lui.

Sa voix claque lorsqu'il ordonne:

– Tu l'as vue à présent, va-t-en!

– Je suis venu te parler, Philippe.

Philippe le rudoie pour l'obliger à quitter la chambre de la petite.

– Vas-tu sortir d'ici à la fin! s'impatiente-t-il à voix basse en refermant la porte de la chambre derrière lui.

Il n'a qu'une idée en tête: protéger Anne-Julie de son père.

– Il faut que je te parle, insiste Bruno. Je ne comprends rien à ce qui s'est passé pour Caroline. Je suis tellement malheureux... Si tu savais...

– Tu payes pour ce que tu as fait, Bruno, répond Philippe avec colère. C'est plus que mérité, ne crois-tu pas? Viens au salon, ajoute-t-il, malgré son désir de voir disparaître son frère. Je ne veux pas qu'Anne-Julie entende quoi que ce soit de cette conversation.

– C'est ridicule, voyons! Ce n'est qu'un bébé.

– Assieds-toi!

Bruno s'exécute nerveusement.

– Il y a des choses que tu ignores sur notre famille, Philippe.

– Je ne suis pas certain de vouloir en entendre parler, si tu veux mon avis, le coupe sèchement Philippe.

– Moi, j'ai le sentiment que tu devrais m'écouter. Je sais que tu ne me pardonneras pas davantage mais, au moins, tu pourras te faire une meilleure idée de ce qui s'est passé entre Caroline et moi.

Philippe croise ses bras sur sa poitrine, peu disposé à poursuivre cette conversation.

– Alors, raconte-moi ce que je suis supposé savoir, lance-t-il, l'air narquois, je suis tout ouïe!

– Bon! Mais je t'avertis que ce n'est pas très beau à entendre.

Philippe hausse les sourcils mais se tait, dans l'expectative.

À mesure que Bruno s'abandonne dans sa confession, l'horreur s'installe dans la conscience de Philippe. Le récit incroyable de son frère, entrecoupé de sanglots étouffés, parvient à son esprit, déchirant le voile douloureux de sa conscience jadis endormie.

– J'ai tout fait pour résister, Philippe! Tu dois me croire... J'ai tout tenté afin de ne pas succomber. Mais c'est plus fort que moi. C'est à cause de papa. C'est lui qui a semé ce mal en moi. Depuis que je suis enfant, j'ai été témoin des cochonneries qu'il a fait subir à nos sœurs, à nos tantes et même aux cousines de la famille. Comprends-tu, Philippe? J'ai été élevé au milieu de relations incestueuses, et toi aussi...

– Arrête! le coupe fortement Philippe. J'en ai assez entendu.

Livide, Philippe se lève du canapé tandis qu'un sentiment de répulsion s'empare de tout son être. Il doit se faire violence pour accepter cette vérité tapie au fond de lui depuis l'enfance. Il le savait. Il sait qu'il le savait, mais il refuse la vérité.

– Je n'ai rien entendu... Ce n'est pas vrai! Ce n'est pas vrai! répète-t-il inlassablement, cherchant à fuir loin de cette atrocité immonde.

Il court vers la salle de bains, en titubant. Dans sa course, il heurte une chaise malencontreusement placée sur sa route et la propulse avec violence contre la cuisinière. Le bruit est infernal.

Demeuré seul au salon, Bruno ravale un sanglot. Il se lève à son tour et se précipite vers la cuisine. Dans un accès de rage, il s'empare d'une jarre à biscuits et la projette contre le mur. La pièce de poterie qui enjolivait si bien le décor de la cuisine tombe avec fracas par terre. Vacillant comme un homme ivre, il va retrouver son frère.

Celui-ci est dans la salle de bains, la tête penchée au-dessus de la cuvette, en train de rendre son repas. Le dos appuyé contre un des murs de la pièce, Bruno pleure toutes les larmes de son enfance. Ses jambes n'arrivant plus à le supporter, il se laisse glisser tout doucement en criant son impuissance. Pourquoi cette bon Dieu de vie refuse-t-elle de le laisser vivre normalement?

Les secondes, les minutes s'effritent sans qu'aucun des deux frères ose parler. L'un et l'autre vivent le drame intensément, à leur façon. Puis, Philippe ouvre le robinet de l'évier et s'asperge le visage d'eau froide. Lorsqu'il s'est un peu ressaisi, il enjambe le corps de son frère et retourne au salon où il se verse un verre de cognac qu'il engloutit d'un trait. C'est alors que son frère vient à nouveau s'asseoir sur le canapé.

– Je préfère croire que je n'ai rien entendu de ce que tu viens de me dire, laisse tomber Philippe.

La surprise se lit sur le visage défait de Bruno.

– Pourquoi réagis-tu ainsi, Philippe Beaulieu? Toi, l'homme à femmes! Tu n'as rien à craindre, toi! Tu n'as jamais été témoin de rien. Tu vis tranquillement ta vie sans te poser de questions. Tu as une femme... Et tu as eu des maîtresses aussi.

Philippe le fusille du regard.

– D'où tiens-tu cette idée grotesque?

– Je le sais, c'est tout!

– C'est faux! Je n'ai jamais eu de maîtresse!

– Ha! À d'autres qu'à moi!

Une colère insurmontable s'empare de Philippe. Sans crier gare, il prend son frère par le revers de son imperméable pour le remettre debout et le soumettre à son autorité. Les deux hommes s'affrontent en silence, leurs yeux se rencontrant dans un duel muet marqué par la rage et le dépit. Puis Philippe lâche brusquement Bruno, qui retombe lourdement sur le canapé.

– Tu es un cruel provocateur, Bruno, commence-t-il. Je préfère me dire que tu n'existes pas. Tu n'es pas mon frère, et le père dont tu m'as parlé n'existe pas! ponctue-t-il fermement. J'ai une autre image de l'homme qui m'a éduqué. Je refuse de croire ce que tu viens de me lancer en plein visage. Tu es encore plus vil et plus mauvais que je ne l'avais pensé. Alors, écoute-moi bien! Parce que ce que je vais te dire, je ne te le dirai qu'une seule fois. Et si jamais tu m'obliges à te le répéter, tu en crèveras, tu peux me croire! Il ne s'agit pas d'une menace en l'air. Tu vas quitter cette maison tout de suite et tu n'y reviendras jamais! Tant que je vivrai, je ne permettrai pas que tu t'approches d'Anne-Julie. Cette enfant innocente ignore les circonstances de sa conception diabolique, et je tiens à ce qu'il en reste ainsi. Elle ne doit pas, et ne devra jamais savoir que tu existes! Tu m'entends? Elle n'a qu'un père, et c'est moi. Je suis son père! Et tu n'existes pas! Est-ce assez clair pour toi?

– Oui, Philippe.

D'une secousse, Philippe libère son frère. Celui-ci en perd l'équilibre et se retrouve à nouveau sur le canapé.

– Maintenant, sors d'ici! répète Philippe. Nous n'avons plus rien à nous dire!

– Tu es dur et sans pitié, Philippe.

– L'heure n'est plus aux apitoiements. Déguerpis! Adieu!

Bruno se lève et se dirige vers la porte. Dès qu'il l'entend claquer, Philippe peut laisser libre cours à son chagrin.

* * *

Environ une heure après la confrontation qui a opposé les deux frères, Corinne revient du cinéma. Elle trouve Philippe étendu sur le canapé avec la petite Anne-Julie endormie paisiblement dans ses bras, son petit corps tout recroquevillé contre la large poitrine de son père. Corinne s'attendrit devant cette image. Aucun signe de violence n'est visible dans la pièce; cependant, une jarre à biscuits manque dans la cuisine. Mais ça, Corinne l'ignore encore.

Le cœur débordant de tendresse, elle s'agenouille près du canapé, admirant le profil angélique de Philippe, ses paupières immobiles comme tendues par le poids des longs cils sombres, sa bouche si douce sous les baisers, son nez droit, sa mâchoire volontaire. Des sentiments qu'elle croyait morts à jamais renaissent alors de leurs cendres.

Elle comprend que l'amour est abandon, folie, communion de corps et d'esprit, qu'il ne supporte aucun compromis, aucune analyse, aucune moralité. Il accepte tout. L'amour est un sentiment indéfinissable qui n'appartient qu'à ceux qui y adhèrent avec leur cœur. La vérité lui apparaît toute simple: elle aime cet homme. C'est donc à elle de réinventer cet amour puisqu'elle possède ce pouvoir.

Faisant un mouvement dans la direction de son mari, elle effleure d'un baiser ses lèvres endormies. Philippe se réveille lentement et lui sourit. Délicatement, en prenant bien soin de ne pas réveiller Anne-Julie, il s'assoit sur le fauteuil et pose un regard débordant d'amour sur son épouse.

— Je t'aime, Corinne, murmure-t-il avec une passion contenue. Si tu pouvais t'imaginer à quel point j'ai besoin de toi...

— Je t'aime aussi, Philippe, et j'ai moi aussi grand besoin de toi.

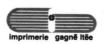

imprimerie gagné ltée

IMPRIMÉ AU CANADA